人文武术精品书系



勿使前辈之遗珍失于我手
勿使国术之精神止于我身

孙禄堂

八卦拳学

# 孙禄堂武学集注

孙禄堂·著

孙婉容·校注

武学名家典籍丛书

## 八卦拳学

北京科学技术出版社

孙福全（1860—1933年），字禄堂，世以字行，号涵斋。河北完县（今河北顺平）人。资质聪颖，性情温和。幼从李魁垣读书习拳。继从李之师郭云深公深造。后闻北京程廷华精八卦掌，遂朝从程，暮从郭，研习两家拳法，功夫深厚，享名于京。因其相貌清癯，身材巧小，动作轻灵，时人有"活猴"之誉。五十余岁又从郝为桢学太极拳，晚年冶太极拳、形意拳、八卦掌技法于一炉，创进退相随，圆活敏捷的孙氏太极拳，并提出太极、形意、八卦三家会合为一体，一体分三派，"三派姿势虽不同，其理则一也"之理论。1928年，被南京中央国术馆聘为武当门门长，嗣改就江苏省国术馆教务长。孙禄堂喜研周易、丹经，据以阐发拳理。著有《形意拳学》《八卦拳学》《太极拳学》《拳意述真》《八卦剑学》等。

# 一代宗师孙禄堂

孙禄堂（1860年12月—1933年12月），福全，晚号涵斋，河北省完县人，是清末民蜚声海内外的儒武宗师，有“虎头少保”“下第一手”及“武圣”之称誉。

孙禄堂从师形意拳名家李魁垣，艺成荐至郭云深大师处深造。之后又承武林大程廷华、郝为桢亲授，并得宋世荣、车毅斋、白西园等多位武林前辈的认可点拨。郭云喜而惊叹曰：“能得此子，乃形意拳之也！”程廷华赞曰：“吾授徒数百，从未天资聪慧复能专心潜学如弟者。”郝为桢服：“异哉！吾一言而子已通悟，胜专习十年者。”孙禄堂南北访贤，得多位学者、高僧、隐士、道人指点，视野广开，尤其《易经》、儒释道哲理、内丹功法方面，收奇丰。孙禄堂精通形意拳、八卦拳、太极三拳，他以《易经》为宗旨，融会古今，通内外，提出“三拳形虽不同，其理则一”的武学理念。孙禄堂已出版《形意拳学》《卦拳学》《太极拳学》《八卦剑学》《拳述真》五本武学经典。

孙禄堂创建的“孙氏太极拳”，在国史上首次提出及印证了“拳与道合”这一典命题，是太极拳发展史上的一座里程碑。

孙禄堂第一个提出：在文化领域里，学与文学，具有等同的价值；又率先提“国术统一”的思想，这在当时中国武术界发了极大的反响。

孙禄堂集武学、文学、书法、哲学、育学、社会学等多科学问于一身，武有成，文有养，是文武共舞共融的实践者。

**上图** 中年时摄于北京绒线胡同旗守卫寓所

**左图** 老年时摄于上海半淞园

鹞子钻天——右手往里极力裹劲上穿，左手望着右胯穿下，上下一齐皆到极处

青龙缩尾——两足后跟外扭，两膝相离似挨未挨，此式是内开外合之意

郭云深为助孙禄堂探《易》修拳，荐其赴京都从师程廷华修习八卦拳。程公乃最著名的八卦拳大宗师董海川的八大弟子之一，功夫已近董公。程公慧眼，喜其德艺非凡，相遇甚感投缘，悉数亲授之，拳术技理、剑棍、点穴、轻功绝技等，孙受益匪浅。程公赞曰：“弟生有宿慧始能达此！”“余意，汝之技，黄河南北已无敌手，禄堂前途珍重，可去矣！行矣！”并与郭公同识同语：“此子，真能不辱其师。”

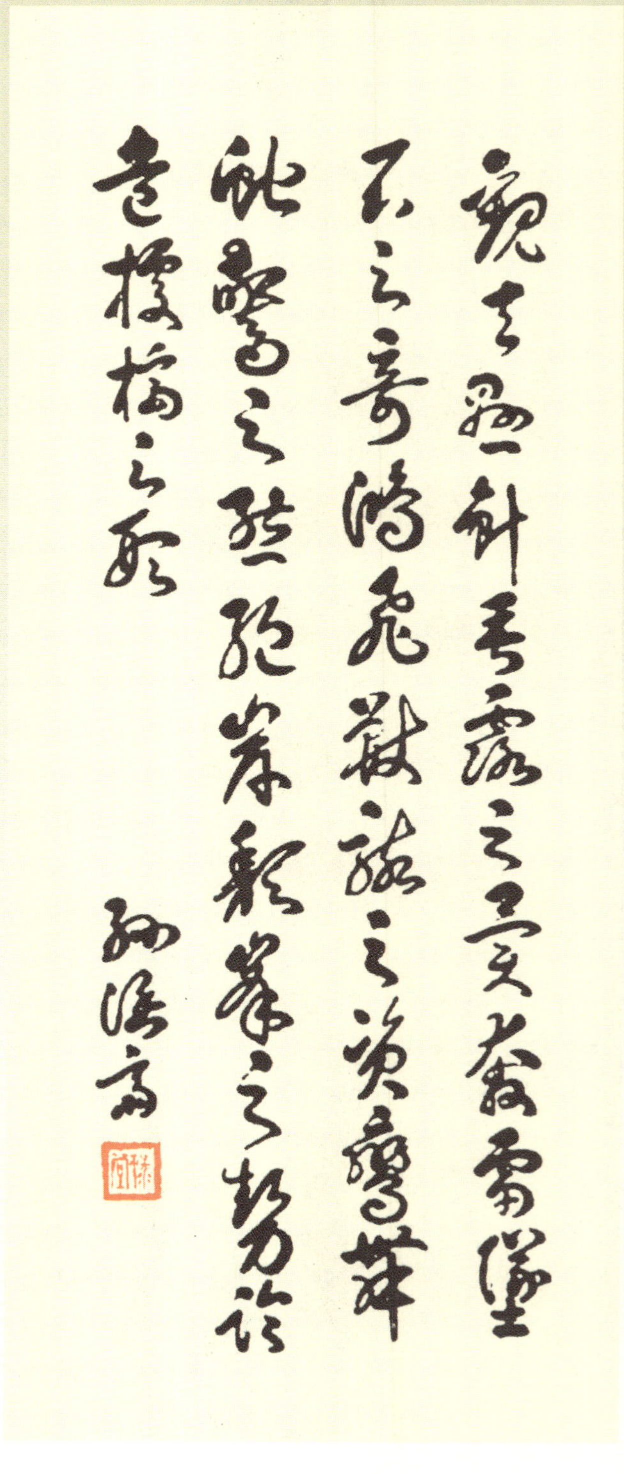

观夫悬针垂露之异　奔雷坠石之奇
鸿飞兽骇之资　鸾舞蛇惊之态
绝岸颓峰之势　临危据槁之形

# 出版人语

武术作为中华民族文化的重要载体，集合了传统文化中哲学、天文、地理、兵法、中医、经络、心理等学科精髓，它对人与自然和谐共生关系的独到阐释，它的技击方法和养生理念，在中华浩如烟海的文化典籍中独放异彩。

随着学术界对中华武学的日益重视，北京科学技术出版社应国内外研究者对武学典籍的迫切需求，于 2015 年决策组建了“人文·武术图书事业部”，而该部成立伊始的主要任务之一，就是编纂出版“武学名家典籍”系列丛书。

入选本套丛书的作者，基本界定为民国以降的武术技击家、武术理论家及武术活动家，而之所以会有这个界定，是因为民国时期的武术，在中国武术的发展史上占据着重要的位置。在这个时期，中、西文化日渐交流与融合，传统武术从形式到内容，从理论到实践，都发生了巨大的变化，这种变化，深刻干预了近现代中国武术的走向。

这一时期，在各自领域“独成一家”的许多武术人，之所以被称为 “名人”， 是因为他们的武学思想及实践，对当时及现世武术的影响深远，甚至成为近一百年来武学研究者辨识方向的坐标。这些人的“名”，名在有武术的真才实学，名在对后世武术传承永不磨灭的贡献。他们的各种武学著作堪称为“名著”，是中华传统武学文化极其珍贵的经典史料，具有很高的文物价值、史料价值和学术价值。

首批推出的“武学名家典籍”丛书第一辑，将以当世最有影响力的太极拳为主要内容，收入了著名杨式太极拳家杨澄甫先生的《太极拳使用法》《太极拳体用全书》；一代武学大家孙禄堂先生的《形意拳学》《太极拳学》《八卦拳学》《拳意述真》《八卦剑学》；武学教育家陈微明先生的《太极拳答问》《太极拳术》《太极剑术》。民国时期的太极拳著作，在整个太极拳发展史上占有举足轻重的地位。当时的太极拳著作，正处在从传统的手抄本形式向现代著作出版形式完成过渡的时期；同时也是传统太极拳向现代太极拳过渡的关键时期。这一历史时期的太极拳著作，不仅忠实地记载了太极拳架的衍变和最终定型，而且还构建了较为完备的太极拳技术和理论体系，而孙禄堂先生的武学著作及体现的武学理念，特别是他首先提出的“拳与道合”思想，更是使中国武学产生了质的升华。

这些名著及其作者，在当时那个年代已具有广泛的影响力，而时隔近百年之后，它们对于现阶段的拳学研究依然具有指导作用，依然被太极拳研究者、爱好者奉为宗师，奉为经典。对其多方位、多层面地系统研究，是我们今天深入认识传统武学价值，更好地继承、发展、弘扬民族文化的一项重要内容。

本丛书由国内外著名专家或原书作者的后人以规范的要求对原文进行点校、注释和导读，梳理过程中尊重大师原作，力求经得起广大读者的推敲和时间的考验，再现经典。

“武学名家典籍”丛书，将是一个展现名家、研究名家的平台，我们希望，随着本丛书第一辑、第二辑、第三辑……的陆续出版，中国近现代武术的整体风貌，会逐渐展现在每一位读者的面前；我们更希望，每一位读者，把您心仪的武术家推荐给我们，把您知道的武学典籍介绍给我们，把您研读诠释这些武术家及其武学典籍的心得体会告诉我们。我们相信，“武学名家典籍”丛书这个平台，在广大武学爱好者、研究者和我们这些出版人的共同努力下，会越办越好。

# 前 言

先祖父禄堂公 1933 年 12 月殁于故里，至今已 82 年；先父存周公 1963 年逝于北京，至今亦 52 了。而不管过多少年，先祖父和父辈留下的事业及由此带来的责任，却始终沉甸甸地压在我的心头。

先祖父孙禄堂，孙氏武学的创建者，喜文近武，得多位武术大师倾心传授，加以天赋资质，刻苦勤奋，数十年如一日，矢志不渝，精修形意、八卦、太极三派拳术，经半个多世纪的研习、探索、提炼，终臻化境。时人公论，集三派拳术于一身且精通技理者，独孙禄堂一人耳。故先贤宋世荣曾赠言："学于后，空于前。后来居上，独续先宗绝学。"

先祖父品德高尚，武功造极，学识渊博，又深谙国学，感悟武术与"周易"关联，遂参《易》修拳，首提关乎武学未来走向的"拳与道合"之理，并冶三拳技理于一炉，创立了"三拳形虽不同，其理则一"的孙氏太极拳，在中国太极拳发展历史上，立起了一座划时代的丰碑。

先祖父武学著作颇丰，代表作《形意拳学》《八卦拳学》《太极拳学》《拳意述真》《八卦剑学》，技理俱佳，极具科学性、可读性以及实用价值。传播至今，仍被武学研究者奉为圭臬。

孙氏后人，时刻以先人的荣誉为荣，更以弘扬先人开创的一脉拳学为己任。20 世纪 90 年代初，由先姐孙叔容组织孙氏武学门人，首次对孙禄堂武学著作进行了整理及简注。

21 世纪初，再由先姐孙叔容，带领笔者及亡弟宝亨，编著出版了《孙禄堂武学著作大全增订本》。

先姐在这册《大全增订本》前言中申明了笔者姐弟之所以一而再、再而三整理注释先祖父遗著的初衷：

先祖“阐明武学之道，刊行于世，裨益后学者多矣。”然“孙氏武学著作中常引用儒、释、道三家之说，及阴阳、五行、八卦、运行之理，以阐发拳中之奥义，每有文言体裁，且引述《易经》及黄老之学，难为近人所接受，笔者等遂编写《孙禄堂武学著作大全简注》一书以应读者之需，出版以来备受读者喜爱。现初版书早已告罄，而索书者日众。今经笔者对《孙禄堂武学著作大全简注》一书进行补充校订，以修订本问世，以飨孙氏武学爱好者。”

先姐所言，道出了吾辈孙氏后人的心声，在此《孙禄堂武学著作大全简注》之后，笔者亦筹资先后自费出版印行了再现先祖父五本经典拳学原版原貌的《孙禄堂武学全集》和全面展示先祖父文有养，武有成，文武共舞共融风采的《孙禄堂文武集》。

先祖父所著五本经典拳学，影响深远，求索者众。先父孙存周昔年在世时，几度再版，仍不敷求。本人效仿先父，为酬孙氏武学之知音，不畏其难，自筹资金，自费印制《孙禄堂武学全集》，亦是孙家后人“成先人之志，不坠其业”的一点儿执守。

光阴荏苒，仅《孙禄堂武学著作大全增订本》的问世，转瞬已15年矣。包括以先姐为首的合作人，除笔者外，俱已驾鹤西去。然孙氏武学之研究，却始终没有停止，整理修订工作正未有穷期。

笔者虽届米寿之年，但责无旁贷，暂担此任，力足赴之，薪火相传，团结门人弟子、学生以及所有爱好者，为传承普及推广孙氏武学，继续进行公益教学、编著及有关的社会活动。恰逢此时，北京科学技术出版社紧跟国家前进步伐，为弘扬中国武术文化，以人为本，实现梦想，相约出版“武学名家典籍”丛书之《孙禄堂武学集注》，双方一谋即合，决心倾情共襄孙氏武学研究领域的这一盛举。

由笔者担任校注的《孙禄堂武学集注》，集孙禄堂武学著作竖排原版原文、横排简体版、孙禄堂部分历史图照及书法作品为一体，重点对孙禄堂原著进行点校正误，并在旧作《孙禄堂武学著作大全增订本》的基础上，增加修正部分解注。旨在更有利于习者阅读，理论联系实际，提升武技水平。本版《孙禄堂武学集注》的影印部分，选用民国十六年（1927 年）至民国廿四年（1935 年）间出版的孙禄堂原著，原书版次可见于各册影印部分结尾的版权页，供读者核查。

本书完稿，即将付梓，虽严加校正，亦恐难臻至善不留讹舛，敬请方家正之。

孙婉容

乙未秋月书于北京颐清园

# 八卦拳學

學有本原

嚴修題

# 八卦拳學序

余讀孫祿堂先生形意拳學見其論理精微因往訪之先生欣然延見縱談形意拳之善並授以入手之法言形意逆運先天自然之氣中庸所謂致中和孟子所謂直養而無害皆此氣也今內家拳法惟太極八卦形意三派各不相謀余三十年之功乃合而一之蓋內家之技擊也必求其中太極空中也八卦變中也形意直中也中則自立不敗之地偏者遇之靡不挫矣形意攻人之堅而不攻人之瑕八卦縱橫矯變太極渾然無間隨其來體不離不拒而應之以中吾致柔之極持臂如嬰兒忽然用之彼雖賁育無所施其勇雖萬鈞之力皆化爲無力雖然習此者非欲以藝勝人也志士仁人養其浩然之氣志之所期力足赴之如是而已於戲由是言之則古昔聖王堯舜禹湯文武相傳精一執中

之道不求勝天下而天下莫能勝之者其猶此理也與莊子曰道也進乎技矣吾聞孫先生之言益信聖人中庸之道不可易先生爲人豪直與人無舊新必吐其蓄積不自吝惜曰吾言雖詳且盡猶慮能解者百人中無一二人吾懼此術之絕其傳也今先生復撰八卦拳學揚州吳君心穀以書來屬余爲序因以所聞于先生者略述於右未能究宣其意萬一也

蘄水陳曾則書於明聖湖之洗心閣

# 序

蒲陽孫先生祿堂曩著形意拳學一書余受而讀之深服先生用力之勤而於力氣一道純任自然合乎中庸之極則殆內家之上乘也今夏復以八卦拳學見示兢兢以實行體育保護身體爲宗旨其造福社會已屬難能可貴而細繹八卦拳學之意義則在化後天之力運先天之氣體柔用剛變化無窮與羲經消息盈虛之理變化順逆之方息息相通技也而進於道矣形上形下一以貫之知先生固非徒以技擊擅長也顧吾慨夫吾國拳學之失傳也久矣自太史公傳游俠而不詳其致力之途雖李唐崛興此風丕盛然亦不過歷史之紀載已耳明清之交如張三峯如單思南如王征南輩精悍絕倫凌鑠南北然能筆之著述傳之其人者闃焉無聞此拳學所以式微也今先生以振靡起衰爲己

任著書傳世不秘其術其殷殷誘掖之心誠自古以來所罕見也爰於付梓之初敬書數語以遺之先生其許爲知言否耶

民國五年七月學生吳心穀序

# 自序

易之爲用。廣大精微。上自內聖外王之學。下迨名物象數之繁。舉莫能外。而於修身治己之術。尤爲詳盡。乾文云天行健。君子以自強不息。然健也。自強也。非虛無杳冥而無可朕兆也。余自幼年即研究拳術。每欲闡易之義蘊。一一形之於拳術。如是者有年。嗣來京獲見程先生廷華。始知有八卦拳。因從而受業焉。拳式始於無極。終於八卦。中分兩儀四象。先天後天。縮力順行。正變錯互。無不俱備。然後知易之爲用之廣大精微也。但程先生衹憑口授。未著專書。余恐久而失其傳也。爰不辭固陋。每式繪之以圖。並於各式後附以淺說。非敢自矜一得。亦聊以廣先生之傳已耳。八卦拳不知創於何時何人。聞有董海川先生者。精技擊。好遨遊。嘗涉迹江皖間。遇一異人傳以此技。後董先生傳之程先生廷華。李先生存義。尹先生福。馬先生維祺。魏先生吉。宋先生永祥。宋先生長榮。劉先生鳳春。梁先生振普。張先生占魁。史先生六。王先生立德。自是而後。尹先生復傳之馬桂。李先生傳之倘雲祥。李文豹。趙雲龍。郝恩光。郭永錄。黃栢年。李海亭。耀亭兄弟等。張先生傳之王俊臣。韓金鏞等。余與張玉魁。韓奇英。馮俊義。闕齡峯。周祥。李漢章。李文彪。秦成等。則皆親炙程先生之門者。縷覼述之。以示不忘所自也。

中華民國五年十一月直隸完縣孫福全序

# 凡例

一是編爲修身而作。取象於數理。立體於卦形。命名於拳術。謂之遊身八卦連環掌。內藏十八躂羅漢拳。兼有七十二截腿。七十二暗脚。至於點穴。劍術。各樣兵器。均於拳內含藏。以上諸法。皆以實行體育。强壯筋骨。保護身體。爲正宗。

一是編標舉八卦拳生化之道。提綱挈領。條目井然。其次序首自虛無式而起。至太極形式。此二者爲八卦拳之基礎。由無極形式說起。以至於神化不測之功用。學終是爲全編條目。內中起點。進退伸縮。變化諸法。一一詳載。操練時。凡一動一靜。按此定法。不使錯亂。則此拳之全體大用。神化妙用之功。庶幾有得。可爲世道用行舍藏之大用矣。

一是編粗淺之言。以明拳術極深之理。簡約之式。能通拳法至妙之道。

一拳中數形。不過作為萬物之綱領。若能熟習。則縱橫聯絡。全體一致。不惟取數形數式習之則已也。朱子云。蓋人心之靈。莫不有知。而天下之物。莫不有理。惟於理有未窮。故其知有不盡也。是以拳術始教。即凡全體之式。萬物之形。莫不由於數式數形而時習之。以求至乎其極。至於用力之久。而一旦豁然貫通焉。則萬物之中。自有所見。心有所感。皆能效法彼之性能。而為我用矣。

一八卦拳術。不外易數方圓二圖之理。昔武侯作八陣圖。其中氤氳變化。奧妙莫測。其實不過以巨石為之。八八成行。六十四堆而已。拳術中之精微奧妙。其變無窮。有神化不測之機。亦不過以數式數形縱橫聯絡變化而已。溯其源。皆出於河洛理數之原也。

一是編爲體操而作。祇叙八卦拳之實益議論。但取粗俗易明。原非等於詞賦文章。固不得以文理拘也。

一是編除各式之指點外。其他一切引證。均與道理相合。迥非怪力亂神之談。學者不得以異端目之。

一是編發明此拳之性旨。純以養正氣爲宗旨。固非異端邪術諸書所可比倫。今將八卦拳始末諸法。貫爲全編。使學者一閱瞭然。

一體操門類繁多。惟八卦拳練習極易。用法最良。係行天地自然之理。運用一派純正之氣。無論男女婦孺及年近半百。皆可練習。一無曲腿折腰之苦。二無皮肉磨挫之勞。且不必短服窄袖。隨便常服。均可練習。此誠武技中儒雅之事也。

一此拳不僅便於個人獨習。若人數衆多。或三五人同一圈習。或數十人同而習之。或數百人。亦可分數圈而習之。再多亦均無不可。

一此八卦拳術。關係全體精神。而能卻病延年。又不僅於習拳已也。

一是編每一式各附一圖。使八卦拳之原理。及其性質。切實發明。用以達八卦拳之精神。能力巧妙。因知各拳各式。互相聯絡。總合而爲一體。終非散式也。

一附圖有電照。有畫形。使學者可以入手。按像模仿。實力作去。久則義理自見。奇效必彰。固非虛語也。

# 八卦拳學目錄

第十二章　坎卦蛇形學
第十三章　離卦鷂形學
第十四章　震卦龍形學
第十五章　艮卦熊形學
第十六章　巽卦鳳形學
第十七章　兌卦猴形學
第十八章　八卦先後天合一式說
第十九章　八卦先後天合一圖
第二十章　八卦先後天合一圖解
第二十一章　八卦陽火陰符形式註語
第二十二章　八卦練神還虛註語
第二十三章　八卦拳神化之功練習借天地之氣候形式法

## 第一章　八卦拳形體名稱

古者包犧氏之王天下也。仰觀象於天。俯觀法於地。觀鳥獸之文。與地之宜。近取諸身。遠取諸物。於是始作八卦。以通神明之德。以類萬物之情。是以八卦取象命名。制成拳術。近取諸身言之。則頭爲乾。腹爲坤。足爲震。股爲巽。耳爲坎。目爲離。手爲艮。口爲兌。若在拳中。則頭爲乾。腹爲坤。腎爲坎。心爲離。尾閭第一節至第七節大椎爲巽。項上大椎爲艮。腹左爲震。腹右爲兌。此身體八卦之名也。自四肢言之。腹爲無極。臍爲太極。兩腎爲兩儀。兩胳膊兩腿爲四象。兩胳膊兩腿各兩節。爲八卦。兩手兩足共二十指也。以手足四拇指皆是兩節。共合八節。其餘十六指。每指皆三節。共合四十八節。加兩胳膊兩腿八節。與四大拇指八節。共合六十四節。合六十四卦也。此謂無極生太極。太極生兩儀。兩儀生四象四象生八卦。八八生六十四卦之數也。此四肢八卦之名稱。以上近取諸身也。若遠取諸物。則乾爲馬。坤爲牛。震爲龍。巽爲雞。坎爲豕。離爲雉。艮爲狗。兌爲羊。拳中則乾爲獅。坤爲麟。震爲龍。巽爲鳳。坎爲蛇。離爲鷂。艮爲熊。兌爲猴等物。以上皆遠取諸物也。以身體八卦屬內。本也。四肢八卦屬外。用也。內者先天。外者後天。故天地生物。皆有本源。先後天而成也。內經曰。人身皆具先後天之本。腎爲先天本。脾爲後天本。本之爲言根也。源也。世未有無源之流。無根之本。澄其源而流自長。灌其根而枝乃茂。自然之理也。故善爲醫者。必先治本。知先天之本在腎。腎應北方之水。水爲天一之源。因嬰兒未成。先結胞胎。其象中空。有一莖透起如蓮蕊。一莖即臍帶。蓮蕊即兩腎也。而命寓焉。知後天之本在脾。脾爲中宮之土。土爲萬物之母。蓋先生脾官而後水火木金。循環相生以成五臟。五臟成。而後六腑四肢百骸隨之以生而成全體。先天後天二者具於人身。皆不離八卦之形體也。醫者既知形體所由生。故斷以卦體治以卦理。無非即八卦之理。還治八卦之體也。亦猶拳術即其卦象。教以卦拳無非即八卦之拳。使習八卦之象也。由此觀之。按身體言內有八卦。按四肢言。外有八卦。以八卦之數。爲八卦之身。以八卦之身。練八卦之數。此八卦拳術。所以爲形體之名稱也。

## 第二章　初學入門三害

三害者何。一曰努氣。二曰拙力。三曰腆胸提腹。用努氣者。太剛則折。易生胸滿氣逆肺炸諸症。譬之心君不和。百官自失其位。用拙力者。四肢百骸。血脈不能流通。經絡不能舒暢。陰火上升。心爲拙氣所滯。滯於何處。何處爲病。輕者肉中發跳。重者攻之疼痛。甚之可以結成瘡毒諸害。

顛胸提腹者。逆氣上行不歸丹田。兩足無根。輕如浮萍。拳體不得中和。即萬法亦不能處時中地步。故三害不明。練之可以傷身。明之自能引人入聖。必精心果力。剔除淨盡。始得拳學入門要道。故書云。樹德務滋。除惡務本。練習諸君。慎之慎之。

## 第三章　入門練習九要

九要者何。一要塌。二要扣。三要提。四要頂。五要裹。六要鬆。七要垂。八要縮。九要起鑽落翻分明。塌者。腰往下塌勁。尾閭上提。督脈之理。扣者。開胸順氣。陰氣下降。任脈之理也。提者。穀道內提也。頂者。舌頂上腭。頭頂手頂是也。裹者。兩肘往裏裹。頸如兩手心翻上托物。必得往裏裹勁也。鬆者。鬆開兩肩。如拉弓然。不使膀尖外露也。垂者。兩手往外翻之時。兩肘極力往下垂勁也。縮者。兩肩與兩胯裏根極力往回縮勁也。起鑽落翻者。起為躦。落為翻。起為橫。落為順。起躦是穿。落翻是打。起亦打。落亦打。打起落。如機輪之循環無間也。所練之要法。與形意拳無異也。譬之易經方圓二圖。方圖乾始西北。坤盡東南。乾坤否泰居外四隅。震巽恒益居內四角。其陽自西北而逆氣退於中央。生氣在中也。陰自中央而順於東南。陰氣在外也。其生卦而恒益否泰。如形意拳起手先進左足。以右足為根。身子看斜是正。看正是斜。因此形意拳與方圖皆屬地。在地成形。所以形意拳在十字當中求生活也。圓圖乾南坤北。離東坎西。左陽升。右陰降。陰來交陽。一陰生於天上。陽來交陰。一陽生於地下。陽生陰生。皆在圖之正中。圓象天。天一氣上下。上而陽。下而陰。象一氣運陰陽。◐陰陽相交。即太極一氣也。八卦拳左旋右轉。兩胯裏根。如圓圈裏邊無有楞角。兩眼望着前手食指。稍對着圓圈中間◉這個看去。旋轉不停如太極一氣也。因此八卦拳與圓圖皆屬天。在天成象。所以八卦拳在圓圖爐中求玄妙也。又譬之奇門有飛九宮一至九之數皆圓形屬天。與八卦拳理相合也。易經雖有方圓二形。其理無非逆中行順。順中用逆。以復先天之陽也。奇門有飛九宮轉盤二形。其理無非奇逆儀順奇順儀逆。以還一元之氣也。形意八卦雖分方圓二派。其理無非動中縮勁。使氣合一歸於丹田也。所以大聖賢正心誠意。無不與拳術之道息息相通。大英雄智勇兼備。亦必先明於數學之理。大技藝家格物致知。亦必先明於意氣力之用。以上諸理。形名雖殊。其理則一。練拳術者。明乎此理。以丹田爲根。以意氣力爲用。以九要爲準則。遵而行之雖不中不遠矣。

## 第四章　八卦拳四德八能四情

四德者。順逆和化。四者。即拳中合宜之理也。順者。手足順其自然往前伸也。逆者。氣力往回縮也。和者。氣力中正無乖也。化者。化其後天之氣力歸於丹田而返眞陽也。八能者。乃搬攔截扣推托擩搇。八者即拳中之性也。搬者。搬敵人之手足肩胯是也。攔者。攔敵人之手足如研肘是也。截者。挾住敵人之手足胳膊腿是也。扣者。扣敵人之兩手並胸小腹是也。推者。推敵人之兩手並身其中有單手推者。有雙手推者（雙手推者即雙推掌也）是也。托者。托敵人之兩手。有平托者。有望高托者是也。擩者。敵人抓住吾手。極力往回擩。或掛敵人之手皆是也。搇者。搇敵人之身。或敵人之兩手。往左右搇去。或往上搇。或往下搇。即使敵人不得中正之勁也。八能者。內含六十四事。合六十四卦也。八者。正卦也。即上乾下乾之類。六十四者。變卦也。即上乾下坤否泰互卦之類。所謂八搬八扣各有八。合而爲六十四者。則謂拳中之性也。順逆和化。爲六十四卦之德也。六十四卦含之於順逆和化四者之中。而爲德。行之於身者而爲道。用之於外者而爲情。情者。即起鑽落翻也。且八能用時。或明而用之。或暗而用之。或打破彼之身式而用之。或化開彼之法式而用之。或剛進而用之。或柔進而用之。或進而用之。或退而用之。或誘而用之。或指上而用之下。或指下而用之上。或指左而打右。或指前而打後。或指此而打彼。或彼剛而我柔。或彼柔而我剛。或彼矮而我高。或彼動而我靜。或彼靜而我動。或看地之形式。伸縮往來。分別而用之。地形者。遠近險隘廣狹死生之類也。且身式將動而未動時。務要遍身一家。合外內一道。再觀彼之身式高矮。量彼之情形虛實。察彼之氣質薄厚。將彼奸詐虛實。等等得之於心。隨便酌量用之。而能時措之宜。至於拳內用法名目雖廣。然無論如何動作變化。總以四情為表則也。四情用的恰當。則能與性德合而爲一道也。

## 第五章　八卦拳左右旋轉與往左右穿掌之分別

起點轉法。無論何式自北往東走旋之不已。謂之左旋。自北往西走轉之不已。謂之右轉。凡穿掌往左右換者。無論在何方換掌。換身若望着左胳膊穿者。謂之往左穿手。望着右胳膊穿者。謂之往右穿手。此謂左右旋轉。與左右穿掌之分別也。

## 第六章　無極學

無極形式者。當人未學之先。心中混混沌沌。一氣渾淪。舉動之間。但由天然之性也。而旋轉無度。起落無節。外失諸修。內失諸養。知順之所往。不知逆之所來。以至體質虛弱。陽極必陰。陰極必死。往往歸於無可如何之地。是攝生之術。講求無方。良可慨也。惟聖人知逆運之機。修身之本。還元之道。總之不外形意太極八卦諸拳之理。一氣伸縮之道。明善復初之功。求立於至善之極點。以復先天之元氣。和而不流。中立而不倚。可與後世作法。亦可爲萬物立命。此之謂無極而生太極之式也。李東垣先生曰。人自虛無而生神。積神而生氣。積氣而生精。此自無而之有也。鍊精而化氣。鍊氣而化神。鍊神而化虛。此自有而之無也。拳術之道。生化之理。其即此意也夫。

## 第一節　無極學圖解

起點面正。身子直立。兩手下垂。兩足爲九十度之形式。如圖是也。兩足尖亦不往裡扣。兩足後根亦不往外扭。兩足如立在空虛之地。動靜不能自知也。靜爲無極體。動爲無極用。若言其靜。則胸中空空洞洞。意向思想一無所有。兩目將神定住。內無所觀。外無所視也。若言其動。則惟順其天然之性旋轉不已。並無伸縮往來節制之意思也。然胸中雖空空洞洞無意向思想之理。但腹內確有至虛至無之根。而能生出無極

## 第一節　無極圖

之氣也。其氣似霧氤氤氳氳黑白不辨。形如湍水。混混沌沌。清濁不分。惟此拳之形式未定。故名謂之無極形式也。此理雖微。但能心思會悟。身體力行到極處。自能知其所以然也。

# 第七章　太極學

太極形式者。無極而生。陰陽之母也。左旋之而爲陽。右轉之而爲陰。旋轉乃一氣之流行。太極即一氣。一氣即太極也。以體言則爲太極。以用言則爲一氣。時陽則陽。時陰則陰。時上則上。時下則下。陽而陰。陰而陽。一氣活活潑潑。有無不立。開闔自然。皆在當中一點子運用也。這一點子即是拳中左旋右轉開闔動靜。陰陽相交之中樞也。中樞者爲人性命之本。造化之原。丹田之氣。八卦拳之根蒂也。此氣是天地之根。陰陽之母。即太極是也。故兩儀由此而生焉。

## 第一節　太極學圖解

起點先將腰塌住。再將右足直着往前邁去。落下兩足形式如斜長方形如圖是也。兩足前後相離遠近。隨乎人之高矮。總要後足往前邁步不費力爲至善處。兩腿裏曲均要圓滿。不可有死灣子。兩足後根均向外掤勁。兩腿如騎馬式一齊扣勁之意。不可顯露往一處扣的形式。初練時身子不可過矮。微須高點。過矮甚爲費力。迨至日久功純。則高矮隨便不拘矣。兩腿之形式。未轉走時。左胯與左足後根相齊。既轉走時。右胯尖掤至與前手食指並圓圈中間相對爲標準。前右腿形式膝與足後根上下如一條綫相齊。再將右手順着右足後根如銳角形式。手直着如畫一半圓形抬起。抬至手虎口與眼相齊停住。兩肩要鬆開。兩肘均往裏裹勁。裹至肘尖朝下垂。兩手具張開不可並攏。兩手腕均往外極力擰勁。擰至食指直立。大指食指虎口撑開如半月形。無名指與小指均有往回鈎勁的意思。兩手心不可往外挺勁。兩手如同抓着圓球相似。手腕極力往上挺勁。手虎口亦極力往前推勁。上下挺推要均停。方爲正勁。兩眼看前手食指稍爲準則。或有看虎口者。氣不中也。後胳膊靠着身子。極力往上如畫半圓形。手虎口至前胳膊肘子停住。兩肩均往回抽住勁。（此是順中求逆如卦位順行卦序逆行之意也）兩肘極力往下垂勁。兩手極力一氣往前推勁。兩手心隨着兩肩極力往回縮勁。腰隨着兩手腕往外擰勁時如擰繩子極力擰去。擰至前手食指與兩眼對着圓圈中點爲止。如圖是也。此式名爲橫走竪撞。兩胯裡根極力均往回抽勁。裡胯根抽至如圓圈裡邊圓線。如 ) 是也。所謂在圓圖乾坤中虛處求玄妙是此意也。頭要往上頂勁。口似張非張。似胳非胳。舌要頂上腭。呼吸要從鼻孔出氣。久之消息之理自然通矣。穀道要往上提。項要竪着勁。心不要用努力。扣胸不可往裡顯着扣。只要兩肩齊往回縮力。自然而然就內開外合。是謂之扣胸也。功久胸前亦自然而有圓含之形式也。轉走時身子不要快。意氣力並手足肩胯腰肘內外務要合成一氣。身中不可有一處散亂。如有散亂處。即是身中之勁不合。即於腰胯肩肘並四稍求之。四稍者。牙為骨稍。舌為肉稍。手指足指為筋稍。渾身毛孔為血稍是也。求之務將心氣沈住歸於丹田。身子高矮要一律。轉走時身子不可有左斜右歪之形。使內中之氣不穩也。行走時。總似鳥之束翅頻頻飛去之形。又平水漂流一物不見水流。只見物行。有安穩自然之象。兩譬語是此拳形式之意義也。

第一節 太極圖

## 第八章 兩儀學

兩儀者。是一氣伸縮之理。左旋之則為陽儀。右轉之則為陰儀也。故前太極之式。一氣走去。如圖流行不息者。即爲太極陽儀。是爲氣之伸也。至練時圓圈之大小。轉數之多寡。皆以地之形式爲準則。可大則大。可小則小。若論通便練法。尤不拘地式之長短寬窄。畝數之地不爲大。圓三徑一不爲小。誠以功夫深純。即周圍數里。亦能循環數匝。不停式子。而片席容足。亦可以來往轉身而有餘也。先哲云。道之伸縮流行。其大無外。其小無內。放之則彌六合。卷之則退藏於密。亦即此拳之意義也。若是回轉身式。（即單換掌）勿論大小圈循環多寡。酌量自己之氣力而行。半圈可以換身。數十圈亦可換身。倘轉數甚多。天地萬物。亦隨着身子一氣翻轉。此時換身更當要緊。若任一式轉去。恐功夫不到。而有頭眩眼昏。足底無根之弊。所謂陽極必生陰。陰極必生陽也。譬如圓圖八卦。陽左升爲日。陰右降爲月。日來則月往。月往則日來。日月相推而四時生爲。換身右轉流行不已。如圖則爲太極陰儀。是氣之縮也。聖人云。鬼神之爲德。日月之升降。皆屬天地自然之變化。而拳中兩儀右轉。左右有序。何莫非一氣之往來屈伸乎。故兩儀再生。而四象出焉。

第一節 兩儀學

第一節 青龍轉身

起點時。譬如一氣左旋流行不已。擬欲換身右轉。是一氣生兩儀也。其法右足先走至前邊落下。

第二節 兩儀學

隨後左足再往前邁時足尖極力往裏扣。落下與右足尖相齊。遠近相離二三寸許。如圖形是也。兩足後根均向外扭勁。兩膝相離似挨未挨之意。兩胯裏根均向回抽勁。又兼向外開勁。此式是內開外合之意。腰要塌住勁。而時上身兩手仍合住勁不動。兩肩似乎有往回縮勁之意。亦謂之含胸也。稍微穩住。

第二節 青龍縮尾

## 第三節 兩儀學

即將右掌伸直極力往外擰勁。擰至大指朝下。小指朝上停住。右足與右手擰時。一齊隨着往外邁出。足落下與右手上下相齊。兩足相離遠近隨乎人之高矮總之再邁左足不費力為至善其時身子微微有往下遁縮之意。左手緊靠着身子在胳膊根窩下邊。手心仍朝外往前推住勁。

## 第三節

青龍返首

## 第四節　兩儀學

再將左足邁至前邊。仍與右足尖相齊。兩足尖相離遠近仍三二寸許。兩足後根仍往外扭勁。兩胯裏根亦均往回抽勁。兩手極力均往回裹勁。裹至兩手心朝上。裹時兩肩極力往回抽勁。又兼往下垂勁。式似停未停之時。即將腰向右邊極力擰去。如擰繩子之意。左手心朝上。肘往下垂着極力挺住勁。勿動左手心朝上隨着腰擰時。徐徐往右胳膊根外邊。與左胳膊成爲丁字形。又往前往高斜着穿出。左肩如同穿在右胳膊根窩下之意。頭項竪住勁。隨着腰向外扭勁。兩眼看所穿之左手。左

第四節　黑虎出洞

手穿至極處爲止。此勁之理。如同上滿表條。不留餘隙。外勁形式似合而內中心氣似開似虛之意。若其不然。胸中恐有內擠氣努胸隔心痛之患。

## 第五節　兩儀學亦爲右式第一

身子再往右轉走時先將左足往前直着邁去。落下兩足相離遠近。仍隨乎人之高矮。要之再邁右足不費力爲至善。左手隨着左足邁時連

穿代伸代往外撑勁。右手與左手一齊均往外撑勁。兩足隨走。兩手腕隨着極力往外撑勁。撑至左手食指朝上直立。亦與圓圈中虛處相對爲準。則手指高仍與眉齊。右手亦仍極力靠着身子。一氣推至左胳膊肘處。食指朝上穩住。腰亦隨着左手向右邊如撑繩子相似撑去。兩眼亦看前食指稍。兩手腕撑時。兩胳膊中曲仍朝上。兩肘仍朝下。兩手腕撑勁時。亦不可撑之容易。似覺撑不過來的意思。兩手腕往上托手虎口又往前推之意。二者均停。不可顯露。兩肩亦極力一齊往回抽勁。兩手亦許三五步撑過來。亦許轉走周圈撑過來。勿拘。要之若走步或換式總要上下相連。內外六合一氣。六合者。心與意合。意與氣合。氣與力合此內三合也。肩與胯合。肘與膝合。手與足合。此外三合也。內外如一。成爲六合也。其中意思。練者若是不曉。即求明人指點可也。學者勉力而深思之。功久自能知爲兩儀。再往回換式走。與此法之理相同。



第五節
右式
青龍轉身

以後凡換式。自兩儀以至於神化之功。雖分左右換式。手法足法。諸處之勁左右無不相同。

## 第九章 四象學

四象者。兩儀各生一陰陽也。太極生兩儀者。八卦拳之奇耦也。復於兩儀之中。各加一奇一耦。以象太陰太陽少陰少陽。而名爲四象。四象即本拳之奇耦。各加一陰一陽。而分爲金木水火也。在腹內則爲心肝肺腎。在拳中則爲前後左右。俗稱名爲雙換掌也。言四象不及土者。太極即土也。拳中起蹬落翻。動而未發謂之橫。橫者亦土也。因其生生不息謂之土。因其一氣運用謂之太極。太極也。土也。一而已。故不及土。僅言四象者。而土已在其中矣。夫四象既有陰陽。則八卦相交。彼此相盪。一卦可盪於八卦之上。八卦相盪。更可重爲六十四卦。按易一卦六畫。下三畫象天地人三才也。上三畫相盪。因而重之。象天地人三才各有陰陽也。以明拳中各法左旋右轉。皆有陰陽之式也。故左旋象下三畫頭手足象天地人三才也。右轉象上三畫。因天地人三才各有陰陽也。八卦即四象之陰陽。六十四卦即陰陽配合之生氣。八卦成列。因而重之。則陰陽相交。自可生生無已。豈第六十四卦哉。雖至千卦萬卦。總不出乎六十四卦。六十四卦總是八卦。八卦總是四象。四象總是兩儀。兩儀總是一氣之流行也。紫陽讀參同契云。一自虛無兆質。兩儀因一開根。

四象不離二體。八卦互爲子孫。六十四卦於此而生。萬象變動於此而出。誠哉斯言。可爲此拳之鑑矣。

第一節　四象學

起點兩儀式。無論左旋右轉。皆可變換四象雙換掌也。先以右旋之左手在前。右手在後。從正北往西順着圓圈轉去謂之右旋。

第一節

青龍轉身右式

第二節　四象學

換掌時左足在前。右足隨後邁在前邊。足尖極力往裏鈎落下與左足尖相齊。遠近相離三二寸許。兩足後根極力均往外扭勁。腰塌住勁。兩胯裏根均往回抽勁。式似停未停。

第二節

青龍縮尾

第三節　四象學

即將左手伸直往外擰勁。擰至大指朝下小指朝上。手心朝外。左足抬起。足尖隨着左手擰時。一齊往外擺勁。落下左足後根與右足尖成爲錯綜八字式。如圖形是也。兩足相離遠近。亦隨人之高矮。足落下時形雖往外擺。兩胯裏根亦均往回抽勁。內裏似乎開圓圈之意。腰隨着左手往外撑。兩肩裏根亦均往回縮力。亦是含胸之意。右手仍靠着身子手心朝外。在左胳膊根窩下邊。推住勁肘往下垂着不動式子身雖停而意未停。

第三節

青龍返首

## 第四節　四象學

即將兩手均向裏裹勁。裏至手心朝上。即將右手從左胳膊根窩下邊穿出。右足與右手一齊邁至前邊。與左足尖相齊。兩足尖相離遠近亦二三寸許。右肩亦極力望着左胳膊根窩下邊穿去。兩足後根亦均往外扭勁。兩胯裏根亦均往裏抽勁。腰仍塌住勁，式不可久停。譬如書句大長字當中點點爲讀。句即一氣似斷而未斷之意也。

## 第四節 右式 黑虎出洞

見兩儀右式四圖

## 第五節 四象學

再將右胳膊靠着右耳。手極力往裏裹着勁往上穿去。穿至極處手心朝裏。身子隨着右手往上伸長。左手心朝裏與右手往上穿時。一齊往下挨着右胳膊裏根落下至肋。手指朝下。手背靠着身子。望着右胯穿下。兩手分開要上下一齊皆到極處。左足與兩手分開時。即速抬起足

尖極力往上仰着靠住右足裏脛骨。而時身子往下縮勁。腰亦塌住。右手可極力仍往上穿住勁。左手仍極力往下穿住勁兩眼往上看着右手

第五節 鷂子鑽天

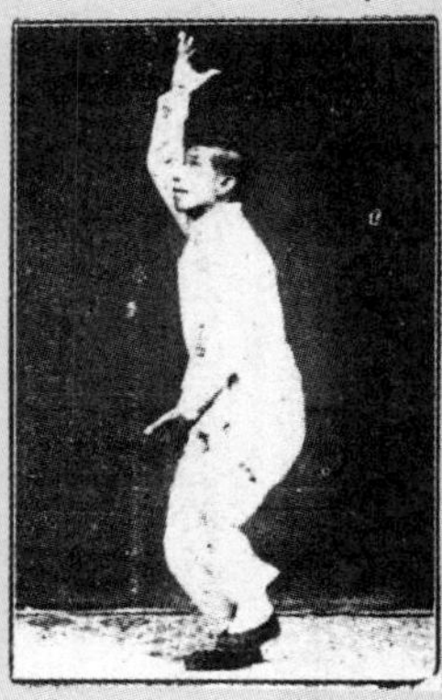

身子要穩住。

## 第六節 四象學

再將右手極力望着左肩尖前邊扣去。落於左胳膊上邊。身子隨着右手扣時。一齊往下縮矮。兩手再往前後分開。如同擺物一般。兩手腕均往外撐住勁。前後兩手虎口相對。兩胳膊皆如半月形式。左足與左手

一齊往前邁去。足落下要半斜着如圖形是也。腰塌住勁身子往前撲去。小腹要放在大腿上。兩眼隨着右手看下來。望前邊左手看去。兩肩

第六節 白蛇伏草

前後極力縮住勁。兩胯前後裹根亦極力縮住勁。此時腹內要似覺圓圈虛空一般。若是方能得着拳中之靈妙。

## 第七節 四象學

再將兩手極力均向裏褒勁至兩手心朝上。即將右手靠着身子。望着左胳膊根窩下穿出。手穿至極處。與左胳膊亦成一丁字形式。右足與

右手同時邁至與左足尖相齊。落下遠近相離二三寸許。兩足後根亦均往外扭勁。兩胯裏根亦均往回抽勁。腰要塌住勁隨着手穿時往左邊捽勁。亦同捽繩子相似。而時身子之勁。亦如同表條上滿之意。但內中總要虛空之意。內中何以能虛空之意。即着兩肩兩胯裏根皆往回縮勁。

## 第七節 右式 黑虎出洞

見兩儀右式四圖

則胸中自然有虛空之意。而腹內亦不能有努氣壅擠之患也。

## 第八節 四象學

身子再往左轉走時。先將右足往前直着邁去落下。兩足相離遠近。亦仍隨平人之高矮。總之無論何項步法前走後退要自然爲至妙處右手隨着右足邁時。連穿代伸代往外擰勁。左手與右手。一並均往外擰勁。兩足隨走兩手腕隨着極力往外擰勁。擰至右手食指朝上直立。亦與圓圈中虛處相對爲準則。手指高矮仍與眉齊。左手亦仍極力靠着身子。一氣推至左胳膊肘處食指朝上穩住。腰亦隨着右手。向左邊如同擰繩子相似擰去。兩眼亦看前手食指稍。兩手腕擰時。兩胳膊中曲

## 第八節

### 青龍轉身

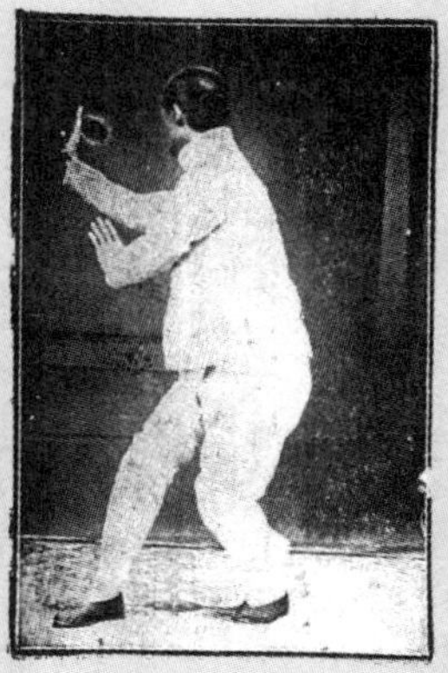

亦仍朝上。兩肘仍朝下。兩手腕擰勁時亦不擰之甚易。亦似覺擰不過來的意思。兩手腕往上托。兩手虎口又往前推之意。二者均停不可顯露。兩肩亦極

力一齊往回抽勁兩手亦許。三五步撑過來。亦許轉走週圈撑過來。亦勿拘要法亦與兩儀走步換式。上下相連內外一氣之理相同也。此四象練法隨分四俟則爲起承轉合之意。實即一氣串成之道也。習者要知之。

## 第十章　乾卦獅形學

乾卦者。天之象也。獅子掌者。拳之式也。乾者健也。陽之性也。三畫卦之名也。乾以形體言謂之天。以性情言謂之乾。其於物也。則爲獅形。其物最嚴烈。其性最勇猛。能食虎豹之獸。有抖毛之威。以拳式之用言。則有金龍合口之式。有獅子張嘴之形。有白猿拖刀之法。在腹內則爲氣。能資始萬物。在拳中。則爲獅子掌。能萬法開端。此式以兩手極力伸出。內外上下一氣。有乾三連之象。又有起首三點之式。故取象爲乾卦。其拳順。則週身血脈舒暢。氣力倍增。其拳謬。則乾遇震。而拳中不能無妄。乾臨坤。而心竅亦不能開通矣。學者於此尤加謹焉。

## 第一節　乾卦學

### 第一節

青龍轉身

起點以兩儀左式。先將右足走在前邊。

### 第二節

隨後即將左足再邁至前邊。將足尖往裡扣勁。落下與右足尖相齊。兩足尖相離遠近亦二三寸許。兩足後根均往外扭勁。兩胯裡根均往裡抽勁。腰塌住勁。

第二節 青龍縮尾

見兩儀右式二圖

## 第三節

再將右手伸直往外擰勁。擰至手心往外。右足亦隨右手往外擰時。一齊往外擺去。足尖要直着。與右手上下相齊。兩肩微有往回縮勁之意。

第三節 青龍返首

見兩儀右式三圖

第四節

再邁左足時。兩手腕均往裏裹勁。裹至兩手心朝上。左手仍靠着右肋。

## 第四節 黑虎出洞

見兩儀左式四圖

左足落至與右足尖相齊。兩足扭勁。塌腰兩胯裏根抽勁。兩肩裏根縮勁均如前。兩足遠近相離亦如前

第五節

再走仍先走左足。左手與左足走時同時往右胳膊下邊往平直穿去。與右胳膊成一丁字形。右手仍往裏裹着勁在面前二三寸許。手直往上穿去。兩足如同走路相似走去。左手心朝上隨着往外如畫平圓圈之

意。畫至食指直對圓圈空虛中處爲度。右手與左手。亦一齊手腕往外極力擰勁。擰至手心朝上。右胳膊靠着右耳處如單手往上舉物之意。

## 第五節

獅子張嘴

兩手虎口上下相對。兩手如托一長捍之形。兩肩往下垂勁。又往外開勁。兩足隨走。

左手連往外畫。右手代往上托。腰隨着左手往外扭勁。兩眼仍看前手食指稍。

## 第六節

再換右式步法。諸處之勁法無不與左式相同。學者當自悟之。自此以下諸掌之式每逢起點時均以兩儀單換掌左式起點。但左右式皆能起點。惟因初學習之人不明其理。故不能不有一定之規模。俟習熟之後。無論何式。皆能互相聯絡貫通而練之者也。習者要知之。

## 第六節　獅子張嘴

見本章第五節圖

# 第十一章　坤卦麟形學

坤卦者。地之象也。返身掌者。拳之式也。坤者順也。陰之性也。六畫卦之名也。坤以形體言。謂之地。以性情言。謂之坤。其於物也。則爲麟形。其物爲仁獸也。則有飛身變化不測之功。以拳式之用言。則有麒麟吐書之式。大鵬展翅之法。有白鶴獨立之能。有順勢返身旋轉之靈。以拳之形式言。謂之返身掌。此拳以兩手含住。返身轉去。內外上下和順。有坤六斷之形。故取象爲坤卦。其拳順。則身體輕便快利。轉去如旋風。其拳謬。則腹內不能空虛。而身體亦不能靈通矣。學者加意研究。靈巧妙用由此而出焉。

## 第一節 坤卦學

起點以兩儀單換掌式。先將右足邁至前邊落下。即將兩胯裡根往回抽勁。腰塌往勁。頭往上頂住勁。身子似有往下縮勁之意。

第一節 青龍轉身 見兩儀左式一圖

第二節

再將右足往右邊擺回。右手與右足擺時。亦同時往裡裹勁。裹至手心朝上。左手仍靠着身子在右胳膊下邊。兩胯裏根亦均往回抽勁。

第二節 麒麟回首

## 第三節

第三節 麒麟轉身

左足亦即速往回邁。邁至與右足尖相齊。遠近相離亦二三寸許。兩胯抽勁。兩肩縮勁。

仍如前式身微停。

## 第四節

即將右足往外擺。右胳膊仍挺勁。隨着身子一氣轉。左足亦即速邁至

第四節　大鵬展翅

右足處不可落地。靠住右足裏脛骨。兩腿亦極力並住。腰亦塌住勁。右手與左足邁時。同時平着往外橫去。

## 第五節

左足再即速落下。與右足尖相齊。相離遠近仍如前。右手與左足落時

第五節 麒麟吐書

同時屈回手心朝下。胳膊如半月形式。隨即將左手望着右肘後邊穿去。微停。

## 第六節

即將右肘往裏裹勁。裹至手心朝上。再走時仍與兩儀右一圖青龍轉身式相同。再換左式。與換右式手法步法勁式亦均皆相同。

第六節 右式 見麒麟吐書五圖

## 第十二章　坎卦蛇形學

坎卦者。水之象也。順勢掌者。拳之式也。坎者陷也。坎得乾之中陽。陽陷陰中。陽入而生潮。有坎中滿之象。故居正北水旺之方。其於物也。則為蛇形。其物最毒。其性最玲瓏最活潑者也。有撥草之能。以拳式之用言。則有白蛇吐信之法。有雙頭蛇纏身之巧。以拳之形式言。謂之順勢掌。此拳外柔順。而內剛健。有丹田氣足之形。內外如水。曲曲順流。無隙而不入。故取象為坎卦。其拳順。則丹田之氣足。丹田氣足。則道心生。道心生。則心中陰火消滅。而無頭眩目暈之患矣。其拳謬。則腎水虛弱。心火不能下降。頭暈眼黑。必不免矣。按此拳有點穴之法。式中有單指按點之術。此式單指按點之穴處在兩腋窩。點法之意。如同禽鳥兩翅窩之穴坑。兩指以攝。頃刻而亡。此法可知而不可專用。百行以德行為先。德行者。知毒法而不用。有不忍禍人之心。不獨此穴爲然。凡諸穴能致人死者皆當愼用。如心口小腹。臍門。耳後腦海。嗓喉。後脊背。兩腎腰。穀道。兩手脈窩。數穴以及雙指點。單指點。肘點。膝點。足點。掌印點斫點。勿論如何點法。輕者可以傷身。重者可以致命。凡知此術者。萬不可輕用。余聞吾師程先生曰。點術之法。不可專用。專用必損陰騭。諺語云。已不用毒於人。人亦不用毒於我。所謂中找中。和找和。天理循環之數。是此意也。且此拳點法。非口傳授受。功夫純熟者。不能用。余說此穴。不過略言大蓋情形。若論痲穴死穴。其中之數目。有三十六者。有七十二者。共百有八之說。少林拳術秘訣論之詳矣。余不必再贅。余作此書。爲開心竅。明心性。强筋骨。壯腦力。得其中和之性質。爲宗旨。毒手用之於他人者。百分之中有一。尤必出於不得已也。

## 第一節　坎卦學

第一節　青龍轉身

見兩儀左式一圖

起點兩儀單換掌左式先將右足往前落下。

## 第二節

第二節　白蛇吐信

再將左足尖往外擺。與右足成爲錯綜八字形式。如圖是也。

第三節

隨後即將右足極力扣着邁去。與左足尖相齊。兩足尖相離遠近亦二三寸。右手與右足邁時。同時屈回肘。向外。胳膊如半月形。手自頭上。望左肩落下停住。左胯裏根極力往回抽勁腰如擰繩子相似。與左胯抽勁時。一齊擰去。左手仍靠身子。在右胳膊裡根下邊。而時右胳膊在上。左胳膊在下挨

第三節　白蛇纏身

住微停。外形似合。腹內略有空虛之意。不可有一物滯在心中。

第四節

即速兩手前後分開。與雙換掌兩手撐開之勁相同。左足與兩手分時。

第四節 白蛇伏草

同時邁至前邊。足落下足尖微往裏扣着之意。腰塌住勁。小腹放在左邊大腿根上。兩肩抽勁。兩胯裏根縮勁均如前。

## 第五節

第五節 黑虎出洞

見兩儀右式四圖

兩手一齊再往裏裹勁。裹至手心朝上。靠着身子。再往左胳膊根窩下邊穿去。右足與右手同時邁至前邊。與左足尖相齊。兩足尖相離遠近。兩肩兩胯抽勁亦均如前。

第六節

第六節 青龍轉身 再往前走。仍是青龍轉身之式。見兩儀左式一圖

## 第十三章 離卦鷂形學

離卦者。火之象也。臥掌者。拳之式也。離者麗也。離得坤之中陰。陰麗陽中。陰借陽而生明。故居正南火旺之方。其於物也則爲鷂形。其物有入林之速。有翻身之巧。以拳式之用言。則有按點斫之法。此拳亦爲大蟒

翻身之式。亦有入洞之能。以拳之形式言。謂之臥掌。此拳則外剛健而內柔順。心中有空虛之象。故取象爲離卦。其拳順。則心中虛靈。而人心化。人心化則玄妙生矣。其拳謬。則心中愚昧不明。而拳中之神化不能得矣。故學者勉力格致誠意作去。以開心中愚滯。自得神化之妙道矣。

第一節　離卦學

起點以兩儀單換掌左式。右足在前

第一節（青龍轉身）見兩儀左式一圖

第二節

即將左足邁至前邊。與右足尖相齊。兩足尖遠近相離亦二三寸許。

## 第二節　青龍縮尾

見兩儀左式二圖

## 第三節

再將右足往外擺。右手與右足亦同時往外撑勁。撑至手心朝外。

第三節　青龍返首

## 第四節

左足再往前邁。落下仍與右足尖相齊。左手與左足邁時。亦同時順着右肘下邊手心朝上穿去。穿至極處。右手腕往外擰着勁。亦與左手同時自頭上過去。胳膊雖然屈着。內中含勁如直着之意。腿極力往上抬脚面挺着勁。右胳膊再伸直。手心朝裡裹勁手腕如抖勁之意。裹至手心朝上。左手腕與右手亦同時極力往外擰勁。擰至手心朝外。兩手要一氣着。左手穿時。身子要有往下縮勁之意。右邊身式亦如灣弓之形。身式。雖然有屈形。而腹內總是中

第四節

大蟒翻身

正空虛之意。身式高矮量己之功夫大小習練可也。身式似停而未停之時。

第五節

即將右足往外擺着落下。右手與右足擺時。亦同時往外擰勁。擰至手心朝外。左手與右手擰時。亦同時往裏援回在左肋。援至手心朝上。

第五節 青龍返首 見兩儀左式三圖

第六節

再穿左手邁左足。

第六節 黑虎出洞

見兩儀左式四圖

第七節

第七節 青龍轉身

見兩儀左式一圖

再往前走步。與單換掌右式相同。

第八節

再換右式。與練左式。身式步法諸處之勁。均皆相同。

## 第十四章　震卦龍形學

震卦者。雷之象也。平托掌者。拳之式也。震者動也。震得乾之初陽。初陽主生長。居正東木旺之方。其於物也。則爲龍形。其物爲鱗虫之長。有搜骨之法。有變化不測之功。有飛騰之象。以拳式之用言。則有烏龍盤柱之法。有青龍戲珠之能。以拳之形式言。謂之平托掌。此拳外靜而內動。丹書云靜中求動之象。又一陽初動之意。故取象爲震卦。其拳順則肝氣舒和。其拳謬。則肝旺氣努。而身體不能入於卦爻九二之中和矣。九二者拳體內之中氣也學者於此勉力求和。而無肝氣冲目之患矣。

### 第一節　震卦學

起點以兩儀單換掌左式。右足在前。

第一節 青龍轉身 見兩儀左式一圖

第二節

第二節 青龍縮尾 見兩儀左式二圖

即將左足往前邁去。極力往裏扣勁落下與右足尖相齊。相離遠近與前扣足相同。

第三節

## 第三節 青龍返首

見兩儀左式四圖

再將右手往外擰勁。擰至手心朝外。右足尖與右手同時往外擺。手足上下相齊。

## 第四節

左足再往前邁去與右足尖相齊。相離遠近仍如前。兩肩縮力。兩胯裏根均抽勁。腰塌住勁。即將左右兩手均往裏裹勁。裹至手心朝上。左手靠着身子往

## 第四節 黑虎出洞

見兩儀左式三圖

平着穿去。與右胳膊成爲丁字形式。

第五節

隨後再邁左足走去。兩手與兩足走時。兩手心翻上平着伸直。往左右分開。如畫半圓形式。左手往左邊分。右手往右邊分。分至兩手左右如同一條直綫。手心仍翻上着。亦如托着兩碗水相似。左手食指仍與圓圈當中相對。兩眼仍看着左手食指稍。兩肩往下垂勁。又往外開勁。兩胯裡根抽勁。頭往上頂住勁。腰隨着左手擰勁。走時遍身要一氣。諸處之勁要均勻。

第一節

青龍飛昇

不可有過不及之病身子高矮隨人之功夫爲定不可免强而行如此腹內可能心氣和平。肝氣舒暢。身子行之如流水一律蕩平矣。

第六節

再換式。仍與左式相同。

## 第十五章　艮卦熊形學

艮卦者山之象也。背身掌者拳之式也艮者止也。艮得乾之末陽。末陽主靜。故居東北陽弱之方其於物也則爲熊。形其性最鈍。其物最威嚴有竪項之力。以拳式之用言。則有靠身之勇。有拔樹之能。有抖搜之法。以拳之形式言。謂之背身掌。此拳上剛健。而中下柔順。有靜止之形。故取象爲艮卦其拳順。則有氣根心生色。睟然現於面。盎於背施於四體之意也。其拳謬則丹田之陽。不能升於脊背而胸內不能含合心火亦不能下降矣。學者要知之。

## 第一節 艮卦學

### 第一節 青龍轉身

見兩儀左式一圖

起點以兩儀單換掌左式。右足在前。

第二節

### 第二節 青龍縮尾

見兩儀左式二圖

先將左足邁至與右足尖相齊。兩足尖相離遠近二三寸許。

## 第三節

第三節　青龍返首

見兩儀左式三圖

隨後將右手往外擰。擰至手心朝外。右足與右手同時往外擺。

## 第四節

再左手心朝上。望着右胳膊裏曲上邊穿去。左足與左手同時。邁至與右足尖相齊。左手穿至極處。再極力往外擰勁。擰至手心朝外。右手與左手擰時亦

第三節　羆熊返背

往裏裹勁。裹至手心朝裏。再與左手一齊均往外擰勁。右手心再靠着口極力往外穿去。中指與食指。如同自口中出去之意。

第五節

右腿等右手到口時。一齊抬起。足尖極力往上仰勁。右肘與右膝相挨。

第五節 黑熊探掌

兩肩抽着勁。兩胯亦極力縮住勁。左手往外擰。擰至手心朝上。頭頂住勁。胸內開着。氣沉丹田。此式似停而未停。

第六節

即將右手腕往外擰。擰至手心朝外。右足與右手往外擰時。亦同時往外擺落下。將左手亦同時援回。援至手心朝上。

## 第六節 青龍返首

見兩儀左式三圖

## 第七節

再穿左手。邁步裹手勁法。仍是兩儀黑虎出洞左式。

## 第八節

再走仍是青龍轉身右式。

## 第十六章 巽卦鳳形學

巽卦者。風之象也。風輪掌者。拳之式也。巽者入也。巽得坤之初陰。初陰主潛進。故居東南陽盛之方。其於物也。則爲鳳形。其物爲羽蟲之長。有展翅之功。以拳式之用言。則有點頭之式。有挾人之法。此拳亦爲獅子滾球之形。以拳之形式言。謂之風輪掌。此拳上剛健而下柔順。有風輪之形。故取象爲巽卦。其拳順。則內中眞氣散於四肢百骸。無微不至。而身式行之。如風輪循環無間之形矣。其拳謬。則元氣不能散布於遍身。臂之方軸圓輪。氣機不靈。身式不順。而先後天之氣不能化一矣。故學者於此拳中。務加意勤習焉。

### 第一節 巽卦學

起點以兩儀單換掌左式。

第一節　青龍轉身　見兩儀左式一圖

第二節。再右足在前。即將左足邁至前邊落下與右足尖相齊。

第二節　龍縮尾　見兩儀左式二圖

第三節

再穿左手時。與右獅子掌式相同各處之勁亦相同。惟兩手心要相對。如抱着大圓球相似。左手右手食指均與圓圈中虛處相對。如圖是也。

第三節 獅子抱球

## 第四節

換左式時。先扣右足與左足尖相齊。再往外擺左足。兩手如抱着圓球成爲一氣。左手隨着左足擺時。往下落如畫圓形。

第四節 獅子滾球

第五節

再左手自下往上起。亦如畫圓形右足再往前邁。仍與左足尖相齊。右

第五節

獅子翻身

手隨着右足邁時與左手一氣往下落。與右足相齊。左手再與右手一氣隨着往上抬。高與頭頂平。

第六節

隨後左足再往外邁去。左手心朝裏着往下落。亦如畫圓形。隨着左足

邁時同時畫去右手自下往上來亦如畫圓形兩手形式如雙換掌六式略相同彼式是兩手心朝外此式兩手心相對所以兩式略相同耳



第六節 獅子伏地

## 第七節

再走步時兩手亦如穿獅子掌之形式但右手自下往上如畫圓形與左手仍如一氣抱着大圓球之意兩足隨走兩手隨畫亦如穿手之意穿至兩手食指亦與圓圈中虛處相對爲準則如圖是也或曰因何畫手與穿手之意相同譬如兩手抱着大圓球再練四象雙換掌穿手換

手摟手。似乎與此式大相懸殊。其實風輪掌就是雙換之式。手法足法勁法無不相同。只因一是兩手靠着身子。穿手換手。一是穿法換法兩手伸開如抱大圓球與風輪相似。因此二卦形式不同所以分爲二式也。再換式。手法步法身法。與換左式相同。

## 第七節

右式 獅子抱球

## 第十七章 兌卦猴形學

兌卦者。澤之象也。抱掌者。拳之式也。兌者說也。兌得坤之末陰。末陰主消化。故居正西金旺之方。其於物也。則爲猴形。其物最靈巧者也。有縮力之法。有蹤山之靈。以拳式之用言。則有白猿獻菓之形。有猴兒啃桃之法。有龍蹲虎踞之式。以拳之形式言。謂之抱掌。此拳上柔順而中下剛健。有縮短之形。故取象爲兌卦。其拳順。則肺氣清潤。其拳謬。則肺氣不和。至於氣喘咳嗽諸症。而不能免矣。學者深思悟會。而求肺氣清順焉。

## 第一節 兌卦學

### 第一節 青龍轉身 見兩儀左式一圖

起點以兩儀單換掌左式。右足在前。

第二節

第二節 青龍縮尾

見兩儀左式二圖

即將左足邁至前邊。落下與右足相齊。

第三節

第三節 青龍返首

見兩儀左式三圖

再將右足尖往外擺。右手與左足亦同時往外擰。勁擰至手心朝外。

## 第四節

再將左足邁至前邊。仍與右足尖相齊。兩肩縮勁。兩胯裏根抽勁。腰塌

第四節 黑虎出洞 見兩儀左式四圖

住勁。兩手皆極力往裏裹勁。裹至手心朝上。左手靠着身子自右胳膊下邊穿至極處。

## 第五節

再邁左足。兩手亦極力往外開勁。兩肘亦極力往一處抱勁。抱至兩肘

相並。兩肘又靠着身子。兩手在前。高矮與胸齊。兩手又如托着物一般。

第五節 白猿献菓

兩肩極力往回縮勁。兩手又一氣抱着往前推勁。兩足隨走兩手隨抱。腰極力往左邊擰勁。兩眼望着左手食指看去。

第六節

第六節 白猿献菓 右式

再換左式。與換右式相同。

## 第十八章　八卦拳先天後天合一式說

周易闡眞曰。先天八卦。一氣循環。渾然天理從太極中流出。乃眞體（眞體者即丹田生物之元氣亦吾拳中之橫拳也）未破之事。後天八卦。分陰分陽。有善（善者拳中氣式之順也）有惡。（惡者拳中氣式之悖也）在造化中變動。乃眞體已虧之事。眞體未破。是未生出者。（未生出者即拳中起鑽落翻未發之式也）須當無爲。（無爲者無有惡爲）無爲之妙。在乎逆中行順。逆藏先天之陽。順化後天之陰。歸於未生以前面目。（即拳內陰陽未動以前形式）不使陰氣有傷眞體也。眞體有傷。是已生出者。（即拳起鑽落翻發而不中也）須當有爲（有善有惡之爲）有爲之竅。在乎順中用逆。順退後天之陰。逆返先天之陽。歸於既生以後之面目。（即拳中動靜正發而未發之間之氣力也）務使陽氣還成眞體也。（即還於未發之中和之氣也）先天逆中行順者。即逆藏先天陰陽五行。而歸於胚胎一氣之中。（即歸於橫拳太起之一氣也）順化後天之陰。而保此一氣也。（保一氣者不使橫拳有虧也）

後天順中用逆者。即順退已發之陰。歸於初生未發之處。返出先天之陽。以還此初生也。陽健陰順。復見本來面目。仍是先天。後天兩而合一之原物。從此別立乾坤。再造爐鼎。行先天逆中行順之道。則爲九還七返大還丹矣。今以先天圖移於後天圖內者。使知眞體未破者。行無爲自然之道。以道全形。逆中行順。以化後天之陰。眞體已虧者。行有爲變化之道。以術延命。順中用逆。以復先天之陽。先後合一。有無兼用。九還七返。歸於大覺金丹之事了了。再以金丹分而言之。金者氣質堅固之意。丹者週身之氣圓滿無虧之形。總而言之。拳中氣力上下內外如一也。此爲易筋之事也。今借悟元子先後八卦合一圖。以明拳中拙勁歸於眞勁也。

## 第十九章

八卦先後天合一圖

第二十章　八卦拳先天後天八卦合一圖解

起點練法。仍照前者法則習之。但預知先後天合一之理。內外卦歸一之式。二者判別。且能使先天爲後天之體。後天爲先天之用。無先天則後天無根本。無後天則先天不成。全其理雖有先天爲之本。然無外式之形。只能行無爲自然之道。不能習之以全其體也。若使之先天健全。即借後天有形式之身。以行有爲變化之道。則能補全先天之氣也。但拳術未習熟時。似乎有分順伸逆縮。判而爲二之意。其實是先天後天氣力不符。故有分而爲二之理。且以拳術之理。分而言之。則爲先後天合而言之。則爲渾然一氣。今以先天而言。則爲拳中無形之勁。謂之性。性即身中無形之八卦也。亦謂之先天。以後天而言。自有身形陰陽開闔伸縮。生出四象。四象者。各有陰陽。謂之情。情者。手足身體旋轉動作。

即成有形之八卦也。八式（拳之八式）謂之後天。此是先後天分言。謂之開也。合而言之。人心即天理。天理即人心。意者心之所發。身體四稍是意之所指揮也。則拳中之氣身體手足聽其指揮。循着次序漸漸習去。自始至終無有乖戾之氣。則能盡其性矣。盡其性則能復其未發意之初心。但拳術初練時。四體之作用。不能盡合於力。力不能盡合於氣。氣不能盡合於意。似乎拳中伸縮有二式之別。若得其所以然。練習先後合一之理。惟其三害且莫犯。謹守九要而不失。則四體身形隨着意照法實力作去。久之四體手足動作。可以隨意指揮。故能上下相連。手足相顧。內外如一。渾然天理。此時是先後天八卦合一之體也。

第二十一章　八卦拳陽火陰符形式

陽火陰符之理。（即拳中之明勁暗勁也）始終兩段工夫。一進陽火。（拳中之明勁也）一運陰符。（拳中之暗勁也）進陽火者。陰中返陽。進其剛健之德。所以復先天也。運陰符者。陽中用陰。運其柔順之德。所以養先天也。進陽火。必進至於六陽純全。剛健之至。方是陽火之功盡。（拳中明勁中正之至也）運陰符。必運至於六陰純全。柔順之至。方是陰符之功畢。（拳中暗勁和之至也）陽火陰符功力俱到。剛柔相當。建順兼全。陽中有陰。陰中有陽。陰陽一氣。渾然天理。圓陀陀。（無氣缺也）光灼灼。（神氣足也）淨倮倮。（無雜氣也）赤洒洒。（無氣拘也）聖胎完成。一粒金丹寶珠懸於太虛空中。寂然不動。感而遂通。感而遂通。寂然不動。常應常靜。常靜常應。本良知良能面目。復還先天一粒金丹。吞入腹。始知我命不由天也。（以上皆周易闡眞中語因與拳術之理相合故引之）再加向上工夫。煉神還虛。打破虛空。脫出眞身。永久不壞。所謂聖而不可知之之謂神。進於形神俱妙。與道合眞之境矣。近日深得斯理者。吾友尙雲祥。其庶幾乎。

## 第二十二章　八卦拳練神還虛形式

拳術之道。有功用之理。有神化之理。上言陽火陰符。是爲功用。此言煉神還虛。是爲妙用。妙用之功。其法何在。仍不外乎八卦拳之式求之。故開闔動靜。起落進退。生克變化。以致無窮之妙。亦不離八卦。八卦不離四象。四象不離兩儀。兩儀不離一氣。一氣自虛無兆質矣。所以練神還虛之式者。與前所習之形式無異矣。惟手足身體外形。不要着力。俱隨意而行之。然身體亦並非全不用力。其勁不過極力往回縮去。意在蓄神耳。外形身體手足。俱以意運用之。行之已久。身體氣力化之。似覺有若無。實若虛之意。每逢靜中動時。身子移出。而不知己之動。則不知有己也。每與他人比較時。伸縮往來飛騰變化。如入無人之境。而身體氣力自覺無動。是不知己之動。而靜則不知有彼也。夫若是。則能不見而章。不動而變無爲而成至拳無拳。意無意。無形無象。無我無他。練神還虛。神化不測之妙道得矣吾友張玉魁先生於練神還虛之道可臻精諸。環顧宇內其合繼張先生而起者乎。予日望之矣。

## 第二十三章　八卦拳神化之功借天地之氣候形式法

聞之吾師　程先生曰得天氣之清者。爲之精。（精者虛也）得地氣之寧者。爲之靈。（靈者實也）二者皆得方爲神化之功學人欲練神化之功者。須擇天時地利。氣候。方向而練之。天時者。一年之中有陰陽二氣。四時八節。二十四氣。一氣分爲三候共七十二候。練時陽日起點往左旋陰日起點往右轉。大略言之。一日一換方向。詳細言之。一時一換方向。此爲天時也地利者須擇山林茂盛之地。或寺觀莊嚴之處。或房屋潔淨之區。此謂地利也。此理練法是借天地之靈氣。受日月之照臨。得五行之秀美。而能與太虛同體。是爲上乘神化之功也。且神化功用之實象者。則神之清秀。精之堅固。形色純正。光潤和美。身之利便。心之靈通。法之奧妙。其理淵淵如淵而靜。深不可測。其氣浩浩如天而廣。大不可量。如此是拳術精微奧妙神化之形容也。如不知擇地利。借天時氣候方向。只可用氣力之功而習之。然久之功純。亦能變化不已。不過是氣力之所爲耳。惟其不知天時。地利。故心中不能得着天地之靈秀也。大約天地間。凡物之美者。皆得天地之靈氣。受日月之孕育而能成爲至善之物也。拳術之道。亦莫不然。譬之大聖賢。心含萬理。身包萬象。與太虛同體。故心一動。其理流行於天地之間。發著於六合之遠。而萬物之中。無物不有也。心一靜。其氣能縮至於心中。寂然如靜室。無一物所有。能與太虛合而爲一體也。或曰。聖人亦人耳。何者能與天地並立也。曰因聖人受天地之正氣。率性修道而有其身。惟身體如同九重天。內外如一。玲瓏透體。無有雜氣攙入其中。心一思念純是天理。身一動作皆是天道。故能不勉而中。不思而得。從容中道。此聖人所以與太虛同體。與天地並立也。拳術之理。亦所以與聖道合而為一者也。其理既與聖道相合。學者胡不勉力而行之哉。

孫祿堂先生著

形意拳學　一冊

八卦拳學　一冊

太極拳學　一冊

八卦劍學　一冊

拳意述眞　一冊

民國十七年三月三版

八卦拳學一册
定價大洋六角

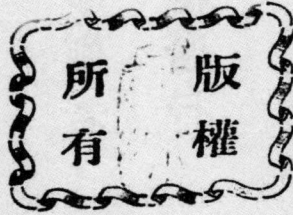

編纂者 蒲陽 孫福全

校閱者 武清 周祥 冀縣 李文彪
任邱 郝恩光 深縣 程有龍
任邱 黄柏年 深縣 馮俊義
河間 王俊臣 直隸 韓金鏞
定興 李耀亭 山東 鄧龍江
深縣 李文華 河間 趙清榮
直隸 董其全 直隸 王清和
直隸 朱文豹

印刷者　北京　公記印書局　前門外楊梅竹斜街　電話南局一〇四〇

總發行　蒲陽　孫存周　北京大理院後身旗守衛二十二號

分售處　北京廊房頭條　武學書局
琉璃廠　武學書館
北京各大書坊

# 八卦拳學

# 序 一

余读孙禄堂先生《形意拳学》，见其论理精微，因往访之，先生欣然延见。纵谈形意拳之善，并授以入手之法，言形意逆运先天自然之气，《中庸》所谓致中和，《孟子》所谓直养而无害，皆此气也。今内家拳法惟太极、八卦、形意三派，各不相谋，余三十年之功乃合而一之。盖内家之技击也，必求其中。太极空中也，八卦变中也，形意直中也，中则自立不败之地，偏者遇之靡不挫矣。形意攻人之坚而不攻人之瑕，八卦纵横矫变，太极浑然无间，随其来体不离不拒而应之以中，吾致柔之极，持臂如婴儿，忽然用之，彼虽贲育无所施其勇，虽万钧之力皆化为无力。虽然习此者，非欲以艺胜人也，志士仁人养其浩然之气，志之所期，力足赴之，如是而已。于戏[①]，由是言之，则古昔圣王尧、舜、禹、汤、文、武，相传精一执中之道，不求胜天下，而天下莫能胜之者，其犹此理也，与《庄子》曰："道也进乎技矣。"吾闻孙先生之言，益信圣人中庸之道不可易。先生为人豪直，与人无旧新，必吐其蓄积不自吝惜，曰："吾言虽详且尽，犹虑能解者百人中无一二人，吾惧此术之绝其传也。"今先生复撰《八卦拳学》，扬州吴君心穀以书来属[2]余为序，因以所闻于先生者略述于右，未能究宣其意万一也。

蕲水陈曾则书于明圣湖之洗心阁

注释

① 于戏：音 wū hū，同“呜呼”，感叹词。

② 属：音 zhǔ，通“嘱”。后同，不另注。

# 序二

蒲阳孙先生禄堂曩著《形意拳学》一书，余受而读之，深服先生用力之勤，而于力气一道，纯任自然，合乎中庸之极，则殆内家之上乘也。今夏复以《八卦拳学》见示，兢兢以实行体育保护身体为宗旨，其造福社会已属难得可贵，而细绎八卦拳学之意义，则在化后天之力，运先天之气，体柔用刚，变化无穷，与羲经[①]消息盈虚之理、变化顺逆之方息息相通，技也而进于道矣。形上形下一以贯之，知先生固非徒以技击擅长也。顾吾慨夫吾国拳学之失传也久矣。自太史公传游侠而不详其致力之途，虽李唐崛兴，此风丕盛，然亦不过历史之纪[②]载已耳。明清之交，如张三峯，如单思南，如王征南辈，精悍绝伦，凌铄南北，然能笔之著述传之其人者，阒[③]焉无闻，此拳学所以式微也。今先生以振靡起衰为己任，著书传世，不秘其术，其殷殷诱掖之心，诚自古以来所罕见也。爰于付梓之初，敬书数语以遗之，先生其许为知言否耶?

民国五年七月学生吴心穀序

注 释

① 羲经：即《易经》，相传伏羲始作八卦，故名“羲经”，又称《周易》。

② 纪：通“记”。

③ 阒：音 qù，寂静无人。

# 自序

易之为用，广大精微，上自内圣外王之学，下迨名物象数之繁，举莫能外，[1] 而于修身治己之术尤为详尽[2]。乾文云："天行健，君子以自强不息。"[3] 然健也，自强也，非虚无杳冥而无可朕兆也。[4] 余自幼年即研究拳术，每欲阐《易》之义蕴[5]，一一形之于拳术，如是者有年。嗣来京，获见程先生廷华，始知有"八卦拳"，因从而受业焉。拳式始于无极[6]，终于八卦[7]，中分两仪、四象，[8] 先天、后天、[9] 缩力、顺行，[10] 正变错互[11]，无不俱备。然后知易之为用之广大精微也。但程先生只凭口授，未著专书。余恐久而失其传也，爰不辞固陋，每式绘之以图，并于各式后附以浅说，非敢自矜一得，亦聊以广先生之传已耳。

八卦拳不知创于何时何人，闻有董海川先生者，精技击，好遨游。尝涉迹江皖间，遇一异人，传以此技[12]。后董先生传之程先生廷华、李先生存义、尹先生福、马先生维祺、魏先生吉、宋先生永祥、宋先生长荣、刘先生凤春、梁先生振普、张先生占魁、史先生六、王先生立德。自是而后，尹先生复传之马桂等；李先生传之尚云祥、李文豹、赵云龙、郝恩光、郭永录、黄柏年、李海亭、耀亭兄弟等；张先生传之王俊臣、韩金镛等。余与张玉魁、韩奇英、冯俊义、阚龄峰、周祥、李汉章、李文彪、秦成等，则皆亲炙程先生之门者。缕觐述之⑬，以示不忘所自也。

中华民国五年十一月直隶完县孙福全序

注 释

① 易之为用……举莫能外：谓《周易》之用，至大至精。其高上包括圣王的学理，其低下则至于象数的繁琐，无所不包。内圣外王：谓以《周易》求其内心，可以为圣人。若以《周易》治天下，则可以为王者。

② 而于……详尽：是引申“内圣”而言，修身治（持）己，所以寡过。《论语》：“假我数年，卒以学易，可以无大过矣。”

③ 天行健，君子以自强不息：《周易·乾卦》谓乾卦有刚健之象，乾以象天，天行刚健，若占得此卦，宜自强不息。

④ 然健也……可朕兆也：健也，自强也，都不是虚幻而无实际的。朕兆：谓有象征可指，迹象可寻。

⑤ 阐《易》之义蕴：谓阐发《周易》内含的深义。

⑥ 拳式始于无极：谓八卦拳从无极开始。《太极拳学》第一章曰：“无极者，当人未练拳术之初，心无所思，意无所动，目无所视，手足无舞蹈，身体无动作，阴阳未判，清浊未分，混混噩噩，一气浑然者也。”

⑦ 终于八卦：谓八卦拳落脚点在于八卦，即乾、坎、艮、震、巽、离、坤、兑。

⑧ 两仪、四象：两仪，指天地；四象，指太阴、太阳、少阴、少阳。

⑨ 先天、后天：八卦拳有先天八卦与后天八卦之分。本书第十八章曰：“先天八卦，一气循环，浑然天理从太极中流出，乃真体（原注：真体者即

丹田生物之元气，亦吾拳中之横拳也）未破之事。后天八卦，分阴分阳，有善有恶（原注：善者，拳中气式之顺也。恶者，拳中气式之悖也），在造化中变动，乃真体已亏之事。”

⑩ 缩力、顺行：《八卦拳学》第四章说：“顺者，手足顺其自然，往前伸也；逆者，气力往回缩也。”可知“缩力”即退回的劲。在此退劲中，包括顺其自然往前伸展，是谓之“逆中行顺”。同样道理，在自然向前伸展中，也包括向后退缩的劲，是谓之“顺中用逆”。逆即退缩之意。

⑪ 正变错互：谓八卦拳法有正有变，互相交错。

⑫ 八卦拳……此技：谓八卦拳的创始人不知其详，仅传闻由董海川先生遨游江皖间得一异人传授。

⑬ 缕觎述之：缕觎，音 lǚ luó，亦作觎缕，谓详述，或指事情的原委。此句犹言逐条详尽地陈述。

# 凡 例

○ 是编为修身而作，取象于数理，立体于卦形，命名于拳术，谓之游身八卦连环掌。内藏十八蹚罗汉拳，兼有七十二截腿、七十二暗脚。至于点穴、剑术、各样兵器，均于拳内含藏。以上诸法，皆以实行体育，强壮筋骨，保护身体为正宗。

○ 是编标举八卦拳生化之道，提纲挈领，条目井然。其次序，首自虚无式而起，至太极形式，此二者为八卦拳之基础。由无极形式说起，以至于神化不测之功用学终，是为全编条目。内中起点，进退伸缩，变化诸法，一一详载。操练时，凡一动一静，按此定法，不使错乱。则此拳之全体大用，神化妙用之功，庶几有得，可为世道用行舍藏之大用矣。

○ 是编粗浅之言，以明拳术极深之理；简约之式，能通拳法至妙之道。

○ 拳中数形，不过作为万物之纲领，若能熟习，则纵横联络，全体一致，不惟取数形数式习之则已也。朱子云：盖人心之灵，莫不有知，而天下之物，莫不有理，惟于理有未穷，故其知有不尽也。是以拳术始教，即凡全体之式，万物之形，莫不由于数式数形而时习之，以求至乎其极，至于用力之久，而一旦豁然贯通焉，则万物之中，目有所见，心有所感，皆能效法彼之性能，而为我用矣。

○ 八卦拳术，不外易数方圆二图之理，昔武侯作八阵图，其中氤氲变化，奥妙莫测，其实不过以巨石为之，八八成行六十四堆而已。拳术中之精微奥妙，其变无穷，有神化不测之机，亦不过以数式数形，纵横联络变化而已，溯其源，皆出于河洛理数之原也。

○ 是编为体操而作，只叙八卦拳之实益议论，但取粗俗易明，原非等于词赋文章，固不得以文理拘也。

○ 是编除各式之指点外，其他一切引证，均与道理相合，迥非怪力乱神之谈，学者不得以异端目之。

○ 是编发明此拳之性旨，纯以养正气为宗旨，固非异端邪术诸书所可比伦，今将八卦拳始末诸法，贯为全编，使学者一阅了然。

○ 体操门类繁多，惟八卦拳练习极易，用法最良，系行天地自然之理，运用一派纯正之气，无论男女妇孺，及年近半百，皆可练习，一无曲腿折腰之苦，二无皮肉磨挫之劳，且不必短服窄袖，随便常服均可练习，此诚武技中儒雅之事也。

○ 此拳不仅便于个人独习，若人数众多，或三五人同一圈习，或数十人同而习之，或数百人亦可分数圈而习之，再多亦均无不可。

○ 此八卦拳术，关系全体精神，而能却病延年，又不仅于习拳已也。

○ 是编每一式各附一图，使八卦拳之原理及其性质，切实发明，用以达八卦拳之精神，能力巧妙，因知各拳各式互相联络，总合而为一体，终非散式也。

○ 附图，有电照，有画形，使学者可以入手，按像模仿，实力作去，久则义理自见，奇效必彰，固非虚语也。

# 八卦拳学目录①

注释

①目录：原书有章节名称与目录不统一、节名称缺失、混乱等情况，在简体版中按目录予以理顺、补全。后不另注。

②练：原文此处“练”应作“炼”。“炼精化气、炼气化神、炼神返虚、炼虚合道”等为内丹术语，皆应作“炼”。后同，不另注。

# 第一章　形体名称说

古者包牺氏之王天下也[①]，仰观象于天[②]，俯观法于地[③]，观鸟兽之文[④]，与地之宜[⑤]，近取诸身[⑥]，远取诸物[⑦]，于是始作八卦[⑧]，以通神明之德[⑨]，以类万物之情[⑩]。是以八卦取象命名，制成拳术。[⑪]

注 释

① 包牺氏：即伏羲氏，传说中原始社会人物。王：称王，治理。此句的意思是，古时包牺氏治理天下之道。

② 仰观象于天：上则观察天上日月星辰的现象。

③ 俯观法于地：下则观察大地高下卑显种种的法则。

④ 观鸟兽之文：观察鸟兽羽毛的纹理。

⑤ 与地之宜：地之宜谓植物也。植物生于地上各有其宜，故曰地之宜。在这里也泛指山川水土的地利。

⑥ 近取诸身：近的取象于人的一身。

⑦ 远取诸物：远的取象于宇宙万物。

⑧ 于是始作八卦：于是创作（画）出八卦。

⑨ 以通神明之德：通，会而通之也。神，妙也。明，显也。德，性质

也。意思是，包牺氏画八卦，对性质有相同点之物，则以同一卦形代表之，以会通天地万物之神妙明显之性质。

⑩ 以类万物之情：类，分类也。情，情况也。包牺氏画八卦对情况不同之物，则以不同之卦形代表之，以区分天地万物之情况。

《八卦拳学》第一章开头这段文字，引自《周易·系辞下传》第二章。总体意思是：古时包牺氏画八卦时，观察天象、地法、鸟兽、草木、人身、器物等宇宙万物，分析、综合分为八类，画八卦“八个符号”以象之，以会通天地万物之神妙明显之性质，以区分万物之情况。

⑪ 以八卦取象命名，制成拳术：八卦拳是按《周易》八卦取象命名创成的拳术。

近取诸身言之，则头为乾，腹为坤，足为震，股为巽，耳为坎，目为离，手为艮，口为兑。① 若在拳中，则头为乾，腹为坤，肾为坎，心为离，尾闾第一节至第七节大椎为巽，项上大椎为艮，腹左为震，腹右为兑，此身体八卦之名也。② 自四肢言之，腹为无极③，脐为太极④，两肾为两仪⑤，两胳膊、两腿为四象，⑥ 两胳膊、两腿各两节为八卦。⑦ 两手两足共二十指也，以手足四拇指皆是两节，共合八节；其余十六指，每指皆三节，共合四十八节；加两胳膊、两腿八节，与四大拇指八节，共合六十四节，合六十四卦也。⑧ 此谓无极生太极，太极生两仪，两仪生四象，四象生八卦，八八生六十四卦之数也。此四肢八卦之名称。以上近取诸身也。⑨

注 释

① 近取诸身言之……口为兑：这段文字引自《周易·说卦传》第九章，意思是：乾有头的象征。乾为天。天尊，为宇宙之最上部分；首贵，为人身

之最上部分，故头为乾。坤有腹的象征。坤为地。地柔，载藏万物，腹柔，载藏食物，故腹为坤。震阳在下，有脚的象征。震，动也。足主行动，故足为震。巽有股（大腿）的象征。巽为木。股似木干，故股为巽。坎为耳的象征。坎，陷也，洼坑也。耳是头部之洼坑，故耳为坎（次）。离为目（眼）的象征。离为火，为日，为明。目之明能视物，故目为离。艮为手的象征。艮为山。山有峰。手之掌与指似山峰，故手为艮。兑为口的象征。兑为泽。泽之在地如口之在身，泽吞吐河流如口吞吐饮食，故口为兑。这是八卦引申为人身之象，《周易·系辞下传》所谓"近取诸身"，此即其一。

② 若在拳中……此身体八卦之名也：是说若在拳中，就人体的头部与躯干而言，则头象征乾，腹象征坤，肾象征坎，心象征离，尾闾第一节至第七节大椎象征巽，项上大椎象征艮，腹左象征震，腹右象征兑。这是八卦引申为人体头部和躯干内外之象。

③ 腹为无极：无极，指无形无象的宇宙原始状态。《老子·二十八章》："复归于无极。"《庄子·在宥》："入无穷之门，以游无极之野。"《列子·汤问》："物之终始，初无极矣。"北宋周敦颐在其《太极图说》中提出"无极而太极""太极本无极"等说，有"有生于无"之意。后来宋儒一般都认为，太极就是世界的本原；还有人认为，无极就是太极。本书中"无极"一词是"有生于无""无极生太极"之意，并按传统理论认为人体形成过程也与万物生成一理，乃先生脐肾，寓于无形之腹，故腹象征化生万物的原始根源，所以将腹比作无极。

④ 脐为太极：太极，指天地未生，浑茫广大，为派生万物的本源，即宇宙之本体。宇宙之本体是包括天地之最大最高之物，故称"太极"。《周易·系辞上》"易有太极，是生两仪，两仪生四象，四象生八卦。"认为人体形成亦按此理，人体形成，先生脐，故将脐比作太极。

⑤ 两肾为两仪：两仪乃天地也。天为阳，地为阴，故也解为阴阳。肾分左右，故象征两仪。

⑥ 两胳膊、两腿为四象：四象，指四时，即春、夏、秋、冬；或谓指

水、火、木、金，布于四方；或谓指太阴、太阳、少阴、少阳，其说不一。《周易》认为四时等变化是由阴阳两种势力相互作用而产生的。四时各有其象，故谓四象。认为人体形成，先有脐肾，后生四肢，故四肢比作四象，即两仪生四象之意。

⑦ 两胳膊、两腿各两节为八卦：八卦，是《周易》中象征自然现象和人事变化的八种基本图形（符号），相传是伏羲氏所作，即乾（☰）、坤（☷）、巽（☴）、震（☳）、坎（☵）、离（☲）、艮（☶）、兑（☱），各代表一定属性的若干事物，如乾卦象征天，坤卦象征地，巽卦象征风，震卦象征雷，坎卦象征水，离卦象征火，艮卦象征山，兑卦象征泽。并认为乾、坤两卦在八卦中占特别重要的地位，是自然界和人类社会一切现象的最初根源。《周易·系辞上》“四象生八卦”，故将四肢中的八节比作八卦。

⑧ 两手两足共二十指也……合六十四卦也：六十四卦，是《周易》中将八卦以两卦相叠演为六十四卦，以象征自然现象和社会现象的发展变化，如乾上乾下（䷀）为乾卦，坤上坤下（䷁）为坤卦，乾上坤下（䷋）为否卦，坤上乾下（䷊）为泰卦等六十四卦。因六十四卦生于八卦，故将四肢上的六十四骨节比作六十四卦。

⑨ 此谓无极生太极……以上近取诸身也：这段文字实引自《周易·系辞上》。《周易》认为万物的产生是一层层地分化，是阴阳、刚柔、动静等对立面的消长、交感、相摩、相荡所引起的，所以认为原始有太极，太极即阴阳未生浑茫广大之气。太极变而产生天地，是谓两仪。两仪变而产生金木水火，是谓四象。四象变而产生天、地、水、火、风、雷、山、泽，是谓乾、坤、坎、离、巽、震、艮、兑八卦。八卦每两卦相重而产生六十四卦，以涵盖宇宙万象。认为人体的形成也符合这个道理，所以人体四肢等各部位象征八卦之名称，并合八卦和六十四卦之数。这也是八卦和六十四卦引申为人身之象，亦所谓近取诸身。

若远取诸物，则乾为马、坤为牛、震为龙、巽为鸡、坎为豕、离为雉、艮为狗、兑为羊。[①]拳中则乾为狮、坤为麟、震为龙、巽为凤、坎为蛇、离为鹞、艮为熊、兑为猴等物，以上皆远取诸物也。[②]以身体八卦属内，本也。四肢八卦属外，用也。内者先天，外者后天。故天地生物，皆有本源，先后天而成也。[③]《内经》曰：人身皆具先后天之本，肾为先天本，脾为后天本。[④]本之为言根也，源也，世未有无源之流，无根之本，澄其源而流自长，灌其根而枝乃茂，自然之理也。[⑤]故善为医者，必先治本。[⑥]知先天之本在肾，肾应北方之水，水为天一之源。[⑦]因婴儿未成，先结胞胎，其象中空，有一茎透起如莲蕊，一茎即脐带，莲蕊即两肾也，而命寓焉。[⑧]知后天之本在脾，脾为中宫之土，土为万物之母，盖先生脾官而后水火木金循环相生以成五脏，五脏成，而后六腑四肢百骸随之以生而成全体。[⑨]先天后天二者具于人身，皆不离八卦之形体也。医者既知形体所由生，故断以卦体，治以卦理，无非即八卦之理，还治八卦之体也。[⑩]亦犹拳术，即其卦象，教以卦拳，无非即八卦之拳，使习八卦之象也。[⑪]由此观之，按身体言，内有八卦，按四肢言，外有八卦，以八卦之数，为八卦之身，以八卦之身，练八卦之数，此八卦拳术，所以为形体之名称也。[⑫]

## 注　释

① 若远取诸物……兑为羊：这段文字引自《周易·说卦传》第八章，意思是乾刚健，有马的象征，因为乾为天，天行健，马为家畜中之行健者，故乾为马。坤和顺，有牛的象征，因为坤为地，地道柔顺，能载物，牛性柔顺，亦能载物，故坤为牛。震为动，有龙的象征，因为震为雷，雷动于云

中，古人视为神物，龙能飞于云中，古人亦视为神物，故震为龙。巽为风，风吹而万物动，鸡晨报晓而人与鸟兽等起而活动，故巽为鸡。坎为水，豕（猪）喜处有水之洼渎中，故坎为豕。离为明，有雉（山鸡、美鸟）的象征。艮，止也。狗守家，所以禁止外人，故艮为狗。兑，悦也。羊性柔顺，为人所喜悦，故兑为羊。这是八卦取于动物之象，亦可顺此推演为其他动物。此乃《周易·系辞下》“远取诸物”也。

② 拳中则乾为狮……以上皆远取诸物也：在八卦拳中，八卦所推演动物之象，则是乾卦取象于狮，坤卦取象于麟，震卦取象于龙，巽卦取象于凤，坎卦取象于蛇，离卦取象于鹞，艮卦取象于熊，兑卦取象于猴。这都是远取诸物之法。

③ 以身体八卦属内……先后天而成也：是说人的躯干八卦属内部，是根本；四肢八卦属外部，主用；内部是人体的先天，外部是人体的后天。天地生万物都是有本源的，都是由先天和后天而成。

④《内经》曰……脾为后天本：《内经》云，人身都是具有先后天之本，肾是先天之本，脾是后天之本。

⑤ 本之为言根也……自然之理也：是说“本”就是“根”，就是“源”。世上没有无源的河流，也没有无根的树木，澄清河流的源泉，河水自然流长，浇灌植物的根，植物的枝叶就会茂盛，这是自然的道理。

⑥ 故善为医者，必先治本：医生（中医）治病先治本，并非头痛医头，脚痛医脚。

⑦ 知先天……天一之源：是说肾五行属水，水为坎，坎在八卦图中居正北方，北方壬癸水，故谓肾应北方之水，水为天一之源。

⑧ 因婴儿未成……而命寓焉：是说胎儿在母体中形成时，开始先结成胞胎，是空的，只有一根茎透起，茎的头上像莲花蕊状分成两枝，这茎便是脐带，莲花蕊就是两肾，人的生命就开始形成了。

⑨ 知后天……而成全体：是说人体的后天之本是脾，脾五行属土，土位于九宫中的中宫，即中央戊己土，故谓脾为中宫之土。万物土中生，故土

为万物之母。脾为后天之本，故生脾宫之后，水火木金相继循环而生，成为五脏（肺、肝、肾、心、脾），五脏生成而后六腑（胃、大肠、小肠、三焦、膀胱、胆），四肢百骸随之相继而生，成为人的全体。

⑩ 先天后天二者具于人身……还治八卦之体也：这段文字是说无论属于先天还是属于后天的人体各器官，都没离开八卦之形体，人体组织符合八卦的道理。医家既知道人体生成的由来，所以治病时是判断卦体，再以八卦之理进行调治，因此说是以八卦之理，还治八卦之体。这是中医的传统理论和方法，医学经典《内经》把“易”贯穿在中医学术理论体系的各个方面，用以说明人体组织结构、生理功能、疾病发生发展规律，并指导临床诊断和治疗。张介宾《医易义》：“天人一理者，一此阴阳也，医易同原者，同此变化也。岂非医易相通，理无二致，可以医而不知易乎?”

⑪ 亦犹拳术……使习八卦之象也：是说八卦拳是按八卦的卦象安排拳术招式，所以练八卦拳无非是通过练拳来学习八卦的卦象。

⑫ 由此观之……所以为形体之名称也：是说按人体躯干而言内有八卦，按四肢而言外有八卦，所以人体合八卦之数，故为八卦之身（人体象征八卦），因此以八卦之身练八卦之数，就是八卦拳术。故谓之形体八卦之名称也。

# 第二章　初学入门三害说

三害者何？一曰努气，二曰拙力，三曰顛[①]胸提腹。

用努气者，太刚则折，易生胸满、气逆、肺炸诸症，譬之心君不和，百官自失其位。[②]用拙力者，四肢百骸，血脉不能流通，经络不能舒畅，阴火上升，心为拙气所滞，滞于何处，何处为病，轻者肉中发跳，重者攻之疼痛，甚之可以结成疮毒诸害。

顛胸提腹者，逆气上行，不归丹田，两足无根，轻如浮萍，拳体不得中和，即万法亦不能处时中地步。故三害不明，练之可以伤身，明之自能引人入圣，必精心果力，剔除净尽，始得拳学入门要道，故书云：树德务滋，除恶务本。[③]练习诸君，慎之慎之。



注释

① 顛：此字音义待考，疑为“腆”字，后同。

② 譬之心君不和，百官自失其位：《素问·灵兰秘典论》说，“心者，君主之官也，神明出焉。肺者，相傅之官，治节出焉。肝者，将军之官，谋虑出焉。胆者，中正之官，决断出焉……凡此十二官者，不得相失也。故主

明则下安，以此养生则寿，殁世不殆，以为天下则大昌。主不明则十二官危，使道闭塞而不通，形乃大伤，以此养生则殃，以为天下者，其宗大危，戒之戒之！”脏腑以各尽其职为官，心以率脏腑之各尽其职以为官。脏腑之官，臣也。心之官，君也。君者，主也。心者，君主之官也。故以“心君不和，百官自失其位”来比喻练拳努气会使各脏腑失调而影响其功能。

③ 树德务滋，除恶务本：树德，是指树立德惠。滋，指繁滋。本，指根本。意思是，施行德惠一定要求广泛充分，消除邪恶一定要连根铲除。《尚书·泰誓》提到，“树德务滋，除恶务本”“树德莫如滋，去疾莫如尽”。《左传·哀公元年》提到，“臣闻树德莫如尽”。练拳一定要从根本上禁忌三害，才能得到拳术之道。

# 第三章　入门九要说

九要者何？一要塌；二要扣；三要提；四要顶；五要裹；六要松；七要垂；八要缩；九要起蹿[①]落翻分明。塌者，腰往下塌劲，尾闾上提，督脉之理[②]。扣者，开胸顺气，阴气下降，任脉之理也[③]。提者，谷道内提也[④]。顶者，舌顶上腭、头顶、手顶是也。[⑤]裹者，两肘往里裹颈，[⑥]如两手心朝上托物，必得往里裹劲也。松者，松开两肩如拉弓然，不使膀尖外露也。[⑦]垂者，两手往外翻之时，两肘极力往下垂劲也。[⑧]缩者，两肩与两胯里根，极力往回缩劲也。[⑨]起蹿落翻者，起为蹿，落为翻；起为横，落为顺；起蹿是穿，落翻是打；起亦打，落亦打，打起落，如机轮之循环无间也。[⑩]

注　释

① 蹿：音 zu ān，向上或向前冲。

② 督脉之理：督脉系奇经八脉之一。为阳脉之海，有总督诸阳经的作用。其循行路线：起于尾闾骨端长强穴下的会阴部，沿脊柱直上到颈项风府穴，脉气入于脑部，上巅，下行到鼻部止。一说由鼻再下行经水沟到龈交止

（见《难经·二十八难》）。但在拳功（内功法）中多是把长强穴至泥丸宫（脑宫）作为督脉来锻炼。练拳时塌腰尾闾上提，可使督脉畅通，阳气上升。此为练习内家拳三层功夫的必要条件。

③ 任脉之理也：任脉系奇经八脉之一，为阴脉之海，有总任诸阴经的作用。其循行路线：起于胞中，出于会阴，沿腹正中上行，过胸腹至咽喉，再上颐，再到两目下（《素问·骨空论》）。在拳功中多是将印堂穴至会阴穴为任脉，练拳时含胸（扣）拔背，开胸顺气，可使任脉畅通，阴气下降。此亦为练习内家拳三层功夫的必要条件。

④ 谷道内提也：肛门又称谷道。练拳时提撮谷道，气升督脉，精气注脑，会使精神百倍，动作灵巧。

⑤ 顶者……手顶是也：舌顶上腭使督任二脉接通，使其畅通无阻，并增加口中津液的分泌，避免口干舌燥。津液增多随时咽下，能帮助消化食物，丹功中谓之“玉液还丹”，是养生之法。在内家拳功中，运用舌部运动可引气循督上升，或引气循任下降，并有抵催阴阳之分，配合发力。头顶，头为一身之主，六阳之首，若前俯后仰，左歪右斜，皆会影响身体重心的稳定，故练拳时要求头必中正。为保持头部中正不偏，即要求头顶之百会穴向上顶，称之“虚领”，上额之天庭向前顶，称之“顶劲”，两者相合谓之“虚领顶劲”。此要领有利于竖项敛颏，并使督任二脉畅通，真阳上冲。但头顶是在意念的控制下，使用内劲来达到的，不可使用拙力。手顶，是掌心含空，腕部下塌，食指上顶，虎口撑圆，中指、无名指和小指微扣，外掌根前顶。此要领是增大手部劲力，获得抻筋拔力之妙，气贯四梢，直达掌指。但须在意念控制下，不可拙力强做。此三项是小周天功夫的必要条件，是内家拳的共同要领。

⑥ 裹者，两肘往里裹颈：裹者如包裹之不露。体现于肘部和小臂向里裹拧，是横劲，实来源于全体中的拧转相合之劲气。“裹颈”当为“裹劲”之误。

⑦ 松者……外露也：指松开两肩，自然下沉。

⑧ 垂者……垂劲也：指垂肘。垂肘沉肩实为一个要领，是为了劲气贯肘手并注劳宫。

⑨ 缩者……缩劲也：指抽肩抽胯，使气聚于丹田。

⑩ 起蹿落翻者……如机轮之循环无间也：八卦拳与形意拳同理，打的是起落、蹿翻、升伏、横竖。起蹿落翻是外形，横竖（顺）是劲路，升伏是内气。手起是蹿、是升、是横，手落是翻、是竖（顺）、是伏。在八卦拳中，起蹿是穿掌，落翻是打；起也打，落也打，一起一落，一上一下，若机轮运转无间，外形、劲路、内气三者则蹿翻起落，横竖、升伏同时变化。

所练之要法，与形意拳无异也，譬之《易经》方圆二图[1]，方图乾始西北，坤尽东南，乾坤否泰居外四隅，震巽恒益居内四角，[2]其阳自西北而逆气退于中央，生气在中也，阴自中央而顺于东南，阴气在外也，其生卦而恒益否泰。[3]如形意拳，起手先进左足，以右足为根，身子看斜是正，看正是斜，因此形意拳与方图皆属地，在地成形，所以形意拳在十字当中求生活也[4]。圆图乾南坤北，离东坎西，左阳升，右阴降，阴来交阳，一阴生于天上；阳来交阴，一阳生于地下，阳生阴生，皆在图之正中。圆象天，天一气上下，上而阳，下而阴，象一气运阴阳，⦶阴阳相交，即太极一气也。[5]

**注 释**

①《易经》方圆二图：《易经》之取象，乃天象为圆，地象为方。传统的研究存在于天空与地面之间的自然规律上，是运用六十四卦方圆图。六十四卦的圆图是在八卦圆图的基础上，每一卦又按其上为阳、下为阴的阴阳排列顺序，都又分成八个阶段，传统称之为“八卦相荡”而形成六十四卦的

圆图。方图是把这六十四卦分布在以横向八格和纵向八格所形成六十四个方格之中。圆图象征天空，方图象征地面（见附六十四卦圆方图）。

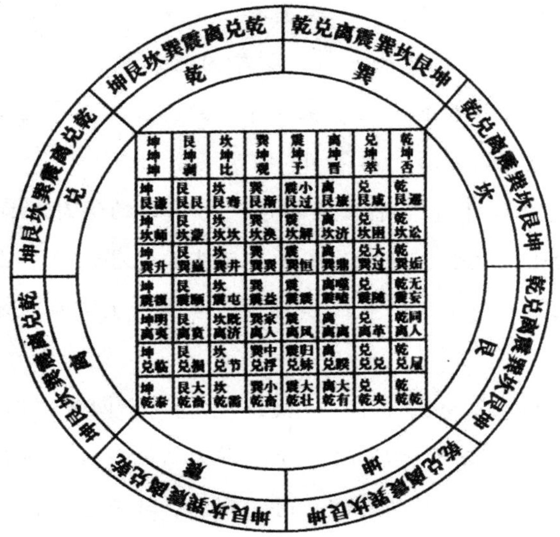


六十四卦圆方图

② 方图乾始西北……震巽恒益居内四角：六十四卦方图的排列方法，是依照存在于天空与地面这两个客观事物之间的相互作用。比如上午的太阳升到东南方向的上空时，由太阳放出的光辐射是落在西北方向的地面上，此时东南方向的地面上却是背阳面。也就是说，象征着天空的圆图东南方向的少阳和老阳，落在象征着地面的方图上则是西方和北方；而天空圆图西北方向的少阴和老阴，反映在地面上却是东方和南方。因此，在六十四卦方图上的西北隅是乾卦（䷀），东南隅是坤卦（䷁）；西南隅是否卦（䷋）；东北隅是泰卦（䷊）。而震卦（䷲）、巽卦（䷸）、恒卦（䷟）、益卦（䷩）则在中间之四格（见附六十四卦圆方图）。

③ 其阳自西北而逆气退于中央……其生卦而恒益否泰：六十四卦方图，

从东到西的上卦和自南到北的下卦的卦象，都是依照坤、艮、坎、巽、震、离、兑、乾，即依照纯阴、太阴、中阴、少阴、少阳、中阳、太阳、纯阳的顺序排列，以标明各个不同地段的不同阴阳刚柔程度。乾卦至坤卦，即由阳至阴，从西北至东南，阳降阴生，至巽卦已是少阴，至坤卦达纯阴。在先天八卦图中，由乾至震，反时针方向，顺序为乾、兑、离、震四卦。由巽至坤，顺时针方向，顺序为巽、坎、艮、坤四卦，在方图中则是对角直线，交叉线上延伸则是恒、益、否、泰等卦。

④ 所以形意拳在十字当中求生活也：形意拳的运动形式以直线与斜线为主，形意拳的生化之道，乃土为本源，皆先天之横而生。土为中央，所生五拳贯穿左右上下互为交叉的直线和斜线，象征六十四卦之方图，亦即在十字当中求生活。

⑤ 圆图乾南坤北……即太极一气也：系指六十四卦圆图中乾、坤、离、坎各卦的方位。“左阳升，右阴降”至“即太极一气也”系指八卦图中的阴阳相交，一气运阴阳，即时阳则阳，时阴则阴，阳而阴，阴而阳，故谓之太极即一气，一气即太极。⊘ 符号代表一气运阴阳或阴阳相交（即太极）。

八卦拳左旋右转，两胯里根，如圆圈里边无有楞角，两眼望着前手食指梢，对着圆圈中间 ◉ 这个看去，旋转不停如太极一气也。[1] 因此八卦拳与圆图皆属天，在天成象，所以八卦拳在圆图虚中求玄妙也[2]。又譬之奇门[3]，有飞九宫一至九之数皆圆形属天，与八卦拳理相合也。[4]《易经》虽有方圆二形，其理无非逆中行顺，顺中用逆，以复先天之阳也。[5] 奇门有飞九宫转盘二形，其理无非奇逆仪顺，奇顺仪逆，以还一元之气也。[6] 形意八卦虽分方圆二派，其理无非动中缩劲，使气合一归于丹田也。[7] 所以大圣贤正心诚意，无不与拳术之道息息相通。大英雄智勇兼备，亦必先明于数学之理。大技艺家格物致知，亦必先明于意气力之用。以上诸理，形名虽殊，其理则一。练拳术者，明乎此理，以丹田为根，以意气力为用，以九要为准则，遵而行之，虽不中不远矣。

## 注释

① 八卦拳左旋右转……旋转不停如太极一气也：系指八卦拳是以圆形运动路线转掌走圈，眼看前手食指梢，并对着圆心，左旋右转周而复始，正像太极图之一气运阴阳。符号的实心点代表圆心，外圈代表环行路线。

② 所以八卦拳在圆图虚中求玄妙也：八卦拳的圆形运动路线象征六十四卦圆图。其手揽阴阳，脚踏八卦，围圆打点，周而复始的练拳方法与战术，谓之"在圆图虚中求玄妙"。

③奇门：指《奇门遁》，是中国古代术数著作，又称"奇门""奇门遁""遁甲"。

④ 有飞九宫……与八卦拳理相合也：九宫指八卦八个方位和中宫，合为九宫，即戴九履一，二四为肩，左三右七，六八为足，中间为五，亦即洛书。实为圆形，与八卦图相同，所以与八卦掌理相合。形意拳、八卦掌都有飞九宫的练法，有的八卦掌也被称之九宫掌，道理是相同的。

⑤《易经》虽有方圆二形……以复先天之阳也：是说《易经》的方圆二形的道理，无非是逆中行顺，顺中用逆。"以复先天之阳"：人为先后天合一之形体。人出生之后，本含有先天元气，谓之真阳。随着人之成长，知识情欲的产生，先天元气渐消，后天之气渐长，阳衰阴盛，又为七情所感，六气所侵，体质日弱。若按易之顺逆阴阳之理，加以调整，可补充先天元气，使体质增强，故谓之"以复先天之阳也"。

⑥ 奇门有飞九宫……以还一元之气也：是说《奇门》中的飞九宫的道理也与《周易》之方圆二图道理一样，奇逆仪顺，奇顺仪逆，以顺逆阴阳之理，以还一元之气（元气）。

⑦ 形意八卦虽分方圆二派……使气合一归于丹田也：是说形意拳与八卦掌虽分方圆二派，但其道理是一样，都是以复先天之阳，弥纶先天之元气，动中缩劲，使气不外散，归于丹田。

# 第四章　四德八能四情说

四德者，顺逆和化。四者，即拳中合宜之理也。顺者，手足顺其自然往前伸也；逆者，气力往回缩也；和者，气力中正无乖也；化者，化其后天之气力归于丹田而返真阳也。八能者，乃搬拦截扣，推托擤拎[1]。八者，即拳中之性也。搬者，搬敌人之手足肩胯是也；拦者，拦敌人之手足如研肘是也；截者，揿[2]住敌人之手足胳膊腿是也；扣者，扣敌人之两手并胸小腹是也；推者，推敌人之两手并身，其中有单手推者，有双手推者双手推者即双撞掌也是也；托者，托敌人之两手，有平托者，有望高托者是也；擤者，敌人抓住吾手，极力往回擤，或挂敌人之手皆是也；拎者，拎敌人之身，或敌人之两手，往左右拎去，或往上拎，或往下拎，即使敌人不得中正之劲也。八能者，内含六十四事，合六十四卦也。[3]八者，正卦也，即上乾下乾之类；[4]六十四者，变卦也，即上乾下坤否泰互卦之类。[5]所谓八搬、八扣，各有八，合而为六十四者，则谓拳中之性也。顺逆和化，为六十四卦之德也。六十四卦含之于顺逆和化四者之中，而为德，行之于身者而为道[6]，用之于外者而为情。情者，即起落蹲翻也。且八能用时，或明而用之，或暗而用之；或打破彼之身式而用之，或化开彼之法式而用之；或刚进而用之，或柔进而用之；或进而用之，或退而用之，或诱而用之；或指上而用之下，或指下而用之上；或指左而打右，或指前而打后，或指此而打彼；或彼刚而我柔，或彼柔而我刚，或彼矮而我高；或彼动而我静，或彼静而我动；或看地之形式，伸缩往来分别而用之。地形者，远近险隘，广狭死生之类也，[7]且身式将动而未动时，务要周身一家，合外内一道，再观彼之身式高矮，量彼之情形虚实，察彼之气质薄厚，将彼奸诈虚实等等得之于心，随便酌量用之，而能时措之宜。至于拳内用法名目虽广，然无论如何动作变化，总以四情为表则也，四情用的恰当，则能与性德合而为一道也。[8]



注释

① 推托擀拎：现多作“推托带领”，后同。擀：音、义待考；拎：音līn，用手提物。

② 挨：音tú，古同“唐突”，非常突然之意。

③ 八能者……合六十四卦也：八能即搬、拦、截、扣、推、托、带、领八法，每两法互用或每法生八法，则为六十四法，合六十四卦之数，相当六十四卦的象征。

④ 八者，正卦也，即上乾下乾之类：指八正卦，即乾（☰）、坤（☷）、坎（☵）、离（☲）、震（☳）、巽（☴）、艮（☶）、兑（☱）（暗指八法的每法左右互用）。

⑤ 六十四者，变卦也，即上乾下坤否泰互卦之类：指变卦，即否（䷋）、泰（䷊）、屯（䷂）、蒙（䷃）之类（暗指八法演变相互为用或一法演为八法）。

⑥ 行之于身者而为道：八能演变虽是拳技，但行之于人身却近乎玄妙之道。

⑦ 地形者，远近险隘，广狭死生之类也：兵书上讲究，作战时要注意地形地物，要观察远近险隘，广狭死生。二人交手时也要看好地形地势，以利于得手取胜。

⑧ 至于拳内用法名目虽广……则能与性德合而为一道也：是说拳中千招万法千变万化，皆体现于起蹿落翻。起蹿落翻用的适当，就能与顺逆和化八搬八扣等成为一体，近乎道之妙。

# 第五章　左右旋转与左右穿掌之分别说

起点转法，无论何式，自北往东走，旋之不已，谓之左旋。自北往西走，转之不已，谓之右转。凡穿掌往左右换者，无论在何方，换掌换身，若望着左胳膊穿者，谓之往左穿手；望着右胳膊穿者，谓之往右穿手。此谓左右旋转与左右穿掌之分别也。

# 第六章　无极学

无极形式者①，当人未学之先，心中混混沌沌，一气浑沦，举动之间，但由天然之性也，而旋转无度，起落无节，外失诸修，内失诸养，知顺之所往，不知逆之所来，以至体质虚弱，阳极必阴，阴极必死，往往归于无可如何之地。是摄生之术，讲求无方，良可慨也！②惟圣人知逆运之机，修身之本，还元之道，总之不外形意、太极、八卦诸拳之理，一气伸缩之道，明善复初之功，求立于至善之极点，以复先天之元气，和而不流，中立而不倚，可与后世作法，亦可为万物立命，此之谓无极而生太极之式也。③李东垣先生曰：人自虚无而生神，积神而生气，积气而生精，此自无而之有也；练精而化气，练气而化神，练神而化虚，此自有而之无也。拳术之道，生化之理，其即此意也夫。④



注 释

① 无极形式者：凡事有动必有静，形意拳经云："动者静之效，静者动之源。"练拳者先静后动，静则气内充，而力外溢。练拳之前先静立，心

无所思，意无所动，目无所视，阴阳未判，清浊未分，故谓之心中混混沌沌，一气浑沦。此为练拳之初步，健体清源之道。乃象征无极，故谓之“无极形式者”。

② 举动之间……良可慨也：是说世人举动行为，皆按天然之性顺行，以致无度无节，内不知修，外不知养，只知顺行之道，不知有逆运之理。于是阴阳失调，体质虚弱，以致阳尽阴生，阴极必死，往往世人对此皆无可奈何。此乃不知如何讲求养生之法，令人感慨。

③ 惟圣人知逆运之机……此之谓无极而生太极之式也：是说惟有圣贤之人能参透逆运之术，知道修身的根本和返本还元的道理。然这些道理总不外形意、太极、八卦等拳之理，即一气伸缩之道。练此返本还元之功，并达到高深的地步，可使先天元气充盈，不偏不倚，和而不流。可为后世榜样，也可为标准（此两句意接前文）。此功法乃从无生有，由无极式生真气充盈丹田，故谓之无极而生太极之式也。

④ 李东垣先生曰……其即此意也夫：著名医学家李东垣（李杲，金代河北人，字明之，号东垣，著名中医学家）说过，人处于清静虚无状态可生神，积神生气，积气生精，精、气、神三者可自虚无而得，并相互转化，故谓之“自无而之有”。炼精化气，炼气化神，炼神还虚，是道家内丹术的三步练法，也被拳家吸取结合拳术研练，谓之内功。元精、元气、元神互化为虚，故谓之“自有而之无”。拳术之道，生化之理与上述同为一理，即从无到有，又从有到“无”，“无”指达到自由王国境界，如形意拳谓之“拳无拳，意无意，无意之中是真意”的上乘功夫。

## 第一节　太极学图解

起点先将腰塌住，再将右足直着往前迈去，落下两足形式如斜长方形，如图是也。两足前后相离远近随乎人之高矮，总要后足往前迈步不费力为至善处。两腿里曲均要圆满，不可有死弯[1]子，两足后根均向外扭劲，两腿如骑马式一齐扣劲之意，不可显露往一处扣的形式。

初练时，身子不可过矮，微需高点，过矮甚为费力。迨至日久功纯，则高矮随便不拘矣。两腿之形式，未转走时，左胯与左足后根相齐；既转走时，右胯尖扭至与前手食指并圆圈中间相对为标准。前右腿形式，膝与足后根上下如一条线相齐。再将右手顺着右足后根如锐角形式，手直着如画一半圆形抬起，抬至手虎口与眼相齐停住。两肩要松开，两肘均往里裹劲，裹至肘尖朝下垂。两手具[2]张开，不可并拢。两手腕均往外极力拧劲，拧至食指直立，大指食指虎口撑开如半月形，无名指与小指均有往回钩劲的意思。两手心不可往外挺劲，两手如同抓着圆球相似。手腕极力往上挺劲，手虎口亦极力往前推劲，上下挺推要均停方为正劲。两眼看前手食指稍为准则。或有看虎口者，气不中也。后胳膊靠着身子，极力往上如画半圆形，手虎口至前胳膊肘子停住。两肩均往回抽住劲此是顺中求逆，如卦位顺行卦序逆行之意也，两肘极力往下垂劲。两手极力一气往前推劲，两手心随着两肩极力往回缩劲，腰随着两手腕往外拧劲时如拧绳子极力拧去，拧至前手食指与两眼对着圆圈中点为止，如图是也。此式名为横走竖撞，两胯里根极力往回抽劲，里胯根抽至如圆圈里边圆线，如）是也。所谓在圆图乾坤中虚处求玄妙，是此意也。头要往上顶劲，口似张非张，似胞非胞[3]，舌要顶上腭，呼吸要从鼻孔出气，久之消息之理自然通矣。谷道要往上提，项要竖着劲，心不要用努力，扣胸不可往里显着扣。只要两肩齐往回缩力，自然而然就内开外合，是谓之扣胸也，功久胸前亦自然而有圆含之形式也。转走时身子不要快，意气力并手足肩胯腰肘内外务要合成一气，身中不可有一处散乱，如有散乱处，即是身中之劲不合，即于腰胯肩肘并四稍求之。四稍者，牙为骨稍，舌为肉稍，手指足指[4]为筋稍，浑身毛孔为血稍是也。求之务将心气沉住，归于丹田。身子高矮要一律，转走时身子不可有左斜右歪之形，使内中之气不稳也。行走时总似鸟之束翅频频飞去之形，又如平水漂流一物，不见水流，只见物行，有安稳自然之象。两譬语是此拳形式之意义也（图 2）。

图 2　太极



**注　释**

① 弯：原文“湾”，据上下文意，改作“弯”。后同，不另注。
② 具：古同“俱”，都，完全。
③ 胞：音 wěn，同“吻”。
④ 指：脚趾亦作“脚指”。

# 第十二章　乙挤手学

## 第一节　乙挤手学图解

乙即将左胳膊直着，手腕向里裹，裹至手心朝里，再即将右手与左手腕向里裹时，同时一气着，往左胳膊下节中间挤去。两眼望着甲之眼看去（图 136）。

图 136　乙挤手

# 第十一章　甲攦手学

## 第一节　甲攦手学图解

甲俟乙两手按时，身子往同缩，用左手轻轻扣住乙之左手腕，右手与左手同时从乙之左胳膊下边绕至上边，亦轻轻扣在乙之左胳膊肘上边，两手亦一气着，往左边斜角攦去（图 135）。

图 135　甲攦手

# 第八章　两仪学

两仪者，是一气伸缩之理，左旋之则为阳仪，右旋之则为阴仪也。故前太极之式，一气走去，如图流行不息者，则为太极阳仪，是为气之伸也。至练时圆圈之大小，转数之多寡，皆以地之形式为准则，可大则大，可小则小。若论通便练法，尤不拘地式之长短宽窄，亩数之地不为大，圆三径一不为小，诚以功夫深纯，即周围数里，亦能循环数匝不停式子，而片席容足，亦可以来往转身而有余也。先哲云："道之伸缩流行，其大无外，其小无内，放之则弥六合，卷之则退藏于密"，[①] 亦即此拳之意义也。若是回转身式即单换掌，勿论大小圈循环多寡，酌量自己之气力而行，半圈可换身，数十圈亦可换身。倘转数甚多，天地万物亦随着身子一气翻转，此时换身更当要紧，若任一式转去，恐功夫不到，而有头眩眼昏，足底无根之弊，所谓阳极必生阴，阴极必生阳也，譬如圆图八卦，阳左升为日，阴右降为月，日来则月往，月往则日来，日月相推而四时生焉，换身右转流行不已，如图则为太极阴仪，是气之缩也。圣人云：鬼神之为德。日月之升降，皆属天地自然之变化。而拳中两仪右转，左右有序，何莫非一气之往来屈伸乎？故两仪再生，而四象出焉。[②]

**注 释**

① 先哲云：……卷之则退藏于密：《管子·心术上》提到，“道在天地之间也，其大无外，其小无内。”认为道普遍地存在于天地之间，并可无限大和无限小。拳术练至深纯，近乎玄妙之道，自然可伸可缩，可大可小，运掌走圈在大小场地皆可。“六合”指上、下、四方。

② 两仪再生，而四象出焉：《周易》的整个体系被认为是一层层地分化为两个对立面，《周易·系辞上》说，“易有太极（包括对立两面的统一体），是生两仪（天地或阴阳），两仪生四象（四时或太阳、少阴、太阴、少阳），四象生八卦。”八卦拳的掌法次序，完全按上述易理安排，将静立蓄气的预备式，谓之无极，起式谓之太极，左旋右转单换掌谓之两仪，双换掌谓之四象，即“两仪再生，而四象出焉”。再下便是八卦之八掌。

## 第一节　两仪学青龙转身

起点时，譬如一气左旋流行不已。拟欲换身右转，是一气生两仪也。其法右足先走至前边落下（图3）。

图3　青龙转身

## 第二节　两仪学青龙缩尾

图 4　青龙缩尾

随后左足再往前迈时，足尖极力往里扣，落下与右足尖相齐，远近相离二三寸许，如图形是也。两足后根均向外扭劲，两膝相离似挨未挨之意。两胯里根均向回抽劲，又兼向外开劲，此式是内开外合之意。腰要塌住劲，而时上身两手仍合住劲不动，两肩似乎有往回缩劲之意，亦谓之含胸也。稍微稳住（图 4）。

## 第三节　两仪学青龙返首

图 5　青龙返首

即将右掌伸直，极力往外拧劲，拧至大指朝下，小指朝上停住。右足与右手拧时，一齐随着往外迈出，足落下与右手上下相齐，两足相离远近随乎人之高矮，总之再迈左足不费力为至善，其时身子微微有往下遁缩之意。左手紧靠着身子在胳膊根窝下边，手心仍朝外往前推住劲（图 5）。

## 第四节　两仪学黑虎出洞

再将左足迈至前边，仍与右足尖相齐。两足尖相离远近仍二三寸许。两足后根仍往外扭劲。两胯里根亦均往回抽劲。两手极力均往回裹劲，裹至两手心朝上。裹时两肩极力往回抽劲，又兼往下垂劲，式似停未停之时，即将腰向右边极力拧去，如拧绳子之意。左手心朝上，肘往下垂着，极力挺住劲勿动。左手心朝上随着腰拧时徐徐往右胳膊根外边，与右①胳膊成为丁字形，又往前往高斜着穿出，左肩如同穿在右胳膊根窝下之意。头项竖住劲，随着腰向外扭劲，两眼看所穿之左手，左手穿至极处为止。此劲之理，如同上满表条，不留余隙，外劲形式似合，而内中心气似开、似虚之意。若其不然，胸中恐有内挤气努胸隔心痛之患（图 6）。

图 6　黑虎出洞

**注 释**

① 左：从上下文义揣测，原文此处“左”当作“右”。

## 第五节　两仪学亦为右式第一

身子再往右转走时，先将左足往前直着迈去，落下两足相离远近，仍随乎人之高矮，要之再迈右足不费力为至善。左手随着左足迈时，连穿代伸代往外拧劲[①]，右手与左手一齐均往外拧劲。两足随走，两手腕随着极力往外拧劲，拧至左手食指朝上直立，亦与圆圈中虚处相对为准则。手指高仍与眉齐，右手亦仍极力靠着身子，一气推至左胳膊肘处，食指朝上稳住，腰亦随着左手向右边如拧绳子相似拧去。两眼亦看前食指稍。两手腕拧时，两胳膊中曲仍朝上，两肘仍朝下。两手腕拧劲时，亦不可拧之容易，似觉拧不过来的意思。两手腕往上托手虎口又[②]往前推之意，二者均停不可显露，两肩亦极力一齐往回抽劲，两手亦许三五步拧过来，亦许转走周圈拧过来，勿拘。要之，若走步或换式，总要上下相连，内外六合一气。六合者，心与意合，意与气合，气与力合，此内三合也；肩与胯合，肘与膝合，手与足合，此外三合也。内外如一，成为六合也。其中意思，练者若是不晓，即求明人指点可也，学者勉力而深思之，功久自能知焉。两仪再往回换式走，与此法之理相同。以后凡换式，自两仪以至于神化之功，虽分左右换式，手法足法、诸处之劲，左右无不相同（图7）。

图7　青龙转身

注　释

① 连穿代伸代往外拧劲：“代”疑为“带”之别字，带：捎，连着，顺便做之义。

② 又：从上下文义揣测，此处“又”当作“有”。

# 第九章　四象学

四象者，两仪各生一阴阳也。[1] 太极生两仪者，八卦拳之奇耦[2]也。复于两仪之中，各加一奇一耦，以象太阴、太阳、少阴、少阳而名为四象。四象即本拳之奇耦，各加一阴一阳，而分为金、木、水、火也，在腹内则为心、肝、肺、肾，[3] 在拳中则为前、后、左、右，俗称名为双换掌也。[4] 言四象不及土者，太极即土也。[5] 拳中起蹼落翻，动而未发谓之横。横者，亦土也，因其生生不息谓之土，因其一气运用谓之太极，太极也，土也，一而已，[6] 故不及土；仅言四象者，而土已在其中矣[7]。夫四象既有阴阳，则八卦相交，彼此相荡，一卦可荡于八卦之上，八卦相荡更可重为六十四卦[8]。按易一卦六画[9]，下三画象天地人三才也，上三画相荡，因而重之。象天地人三才各有阴阳也，以明拳中各法左旋右转，皆有阴阳之式也。故左旋象下三画，头手足象天地人三才也；右转象上三画，因天地人三才各有阴阳也。八卦即四象之阴阳，六十四卦即阴阳配合之生气，八卦成列，因而重之，则阴阳相交，自可生生无已，岂第六十四卦哉！虽至千卦万卦，总不出乎六十四卦，六十四卦总是八卦，八卦总是四象，四象总是两仪，两仪总是一气之流行也。⑩紫阳读《参同契》云⑪：“一自虚无兆质，两仪因一开根，⑫四象不离二体，八卦互为子孙。”六十四卦于此而生，万象变动于此而出，诚哉斯言，可为此拳之鉴矣。

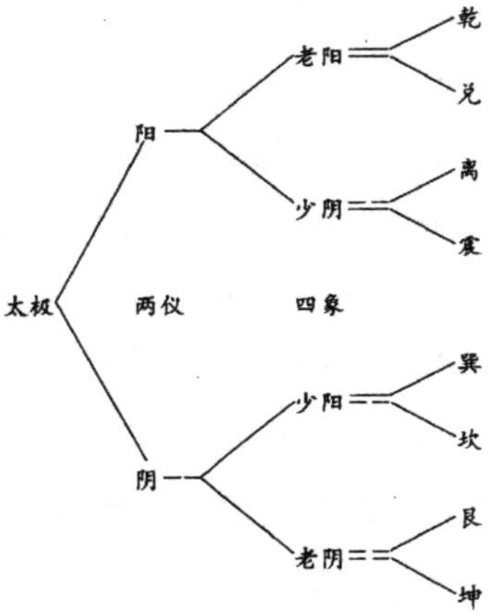


四象生自两仪图

## 注 释

① 四象者，两仪各生一阴阳也：四象生自两仪。

② 耦：音 ǒu，同“偶”，后同。

③ 而分为金、木、水、火也，在腹内则为心、肝、肺、肾：四象也指金、木、水、火，布于四方。中医理论，心属火，肝属木，肺属金，肾属水。

④ 在拳中则为前、后、左、右，俗称名为双换掌也：拳中之前进、后退、左顾、右盼也谓之四象。四象之拳法名为双换掌。

⑤ 言四象不及土者，太极即土也：四象金木水火，乃五行少土。然四象生自太极，太极为五行之土，故谓“太极即土也”。

⑥ 拳中起蹿落翻……一而已：在拳中，横者起也，顺者落也；起者蹿

也，落者翻也；起为横之始，蹿为横之终，落为顺之始，翻为顺之终，故谓之“动而未发谓之横”。横五行属土，因横之生化象征土生万物，故谓之“因其生生不息谓之土”，又像太极一气之运用，故“谓之太极”。太极也好，土也好，都象征“一”。“一者”，指万物之始；老子指“道”生一即太极，易指太极；指宇宙开初的混沌未分者。这里是指拳之动而未发。

⑦ 而土已在其中矣：虽然仅说了四象，而土已在其中了。

⑧ 八卦相荡更可重为六十四卦：四象既然有阴阳，则产生八卦，八卦相荡，每两卦相叠演为六十四卦。据《周易》研究学者观点，“八卦相荡”，指六爻上下的变动，此处“荡”义，指的是三爻卦卦位的上下交错，进而是六爻卦卦象的相对颠倒，及其爻位的阴阳相反。

⑨ 按易一卦六画：八卦的每一卦，是由三爻组成，而六十四经卦，每卦都是由两卦组成，故为六爻，即“一卦六画”。

⑩ 虽至千卦万卦……两仪总是一气之流行也：是说，《周易》之千变万化，最根本则是一气之流行，即太极也。

⑪ 紫阳读《参同契》云：紫阳：北宋道士。原名伯端，字平叔。天台（今属浙江）人。少好学，精三教典籍，通刑法、书算、医卜、战阵、天文、地理等。传说得金液还丹之妙道，遂改名用成（诚），号紫阳山人。著有《悟真篇》宣传内丹修炼。南宋以后，被奉为南宗祖师。列南五祖之首，称紫阳真人。《参同契》：道教经典。全称《周易参同契》。作者魏伯阳，东汉丹士，生卒年不详。一说名翱，号伯阳，自号云牙子。会稽上虞（今属浙江）人。《参同契》兼及内丹、外丹，是较早论述炼丹炉火的主要著作，但重点是内丹。此书对道教修炼术影响甚大，被奉为“丹经之祖”。

⑫ 一自虚无兆质，两仪因一开根：语出清代著名道士刘一明撰《周易阐真》。《悟真篇》有“道自虚无生一气，便从一气产阴阳，阴阳再合生三体，三体重生万物张”，其意与此近似，即万物原为一气所化生。《老子》谓之：“道生一，一生二，二生三，三生万物。”

图8　右式青龙转身

## 第一节　四象学右式青龙转身

起点两仪式，无论左旋右转，皆可变换四象双换掌也。先以右旋之，左手在前，右手在后，从正北往西顺着圆圈转去，谓之右旋（图8）。

图9　青龙缩尾

## 第二节　四象学青龙缩尾

换掌时，左足在前，右足随后迈在前边，足尖极力往里钩，落下与左足尖相齐，远近相离二三寸许。两足后根极力均往外扭劲，腰塌住劲，两胯里根均往回抽劲，式似停未停（图9）。

图10　青龙返首

## 第三节　四象学青龙返首

即将左手伸直往外拧劲，拧至大指朝下，小指朝上，手心朝外。左足抬起，足尖随着左手拧时，一齐往外摆劲，落下左足后根与右足尖成为错综八字式，如图形是也。两足相离远近，亦随人之高矮。足落下时形虽往外摆，两胯里根亦均往回抽劲，内里似乎开圆圈之意。腰随着左手往外拧，两肩里根亦均往回缩力，亦是含胸之意。右手仍靠着身子，手心朝外，在左胳膊根窝下边推住劲，肘往下垂着，不动式子，身虽停而意未停（图 10）。

## 第四节　四象学右式黑虎出洞

即将两手均向里裹劲，裹至手心朝上，即将右手从左胳膊根窝下边穿出，右足与右手一齐迈至前边，与左足尖相齐，两足尖相离远近亦二三寸许，右肩亦极力望着左胳膊根窝下边穿去，两足后根亦均往外扭劲，两胯里根亦均往里抽劲。腰仍塌住劲。式不可久停，譬如书句大长，字当中点点为读句，即一气似断而未断之意也（图 11）[①]。

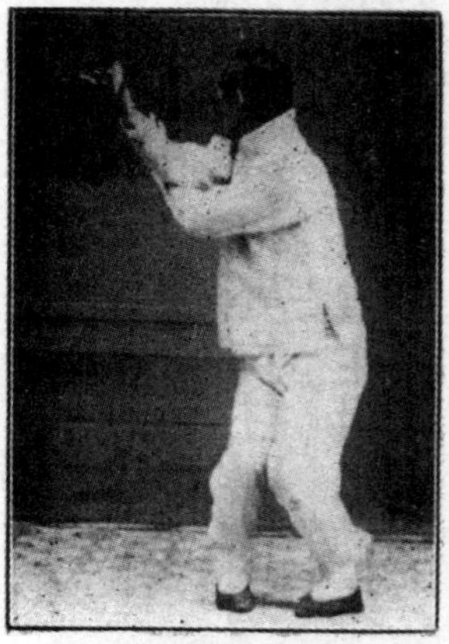

图 11　黑虎出洞

注 释

① 原版中部分节无图，图解索引至前章，为阅读便利，此处加图。后同，不另注。

## 第五节　四象学鹞子钻天

再将右胳膊靠着右耳，手极力往里裹着劲往上穿去，穿至极处，手心朝里，身子随着右手往上伸长，左手心朝里，与右手往上穿时，一齐往下挨着右胳膊里根落下至肋，手指朝下，手背靠着身子，望着右胯穿下。两手分开要上下一齐皆到极处。左足与两手分开时即速抬起，足尖极力往上仰着，靠住右足里胫骨，而时身子往下缩劲，腰亦塌住，右手可极力仍往上穿住劲，左手仍极力往下穿住劲，两眼往上看着右手，身子要稳住（图12）。

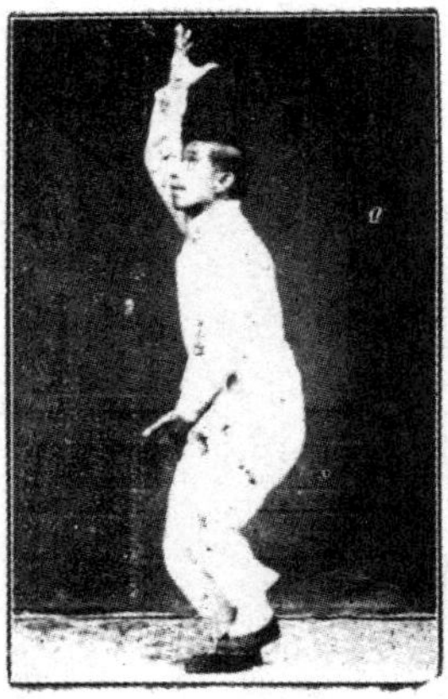

图 12　鹞子钻天

## 第六节　四象学白蛇伏草

图 13　白蛇伏草

再将右手极力望着左肩尖前边扣去，落于左胳膊上边，身子随着右手扣时，一齐往下缩矮。两手再往前后分开，如同摆物一般。两手腕均往外撑住劲，前后两手虎口相对，两胳膊皆如半月形式。左足与左手一齐往前迈去，足落下要半斜着，如图形是也。腰塌住劲，身子往前扑去，小腹要放在大腿上，两眼随着右手看下来，望前边左手看去，两肩前后极力缩住劲，两胯前后里根亦极力缩住劲，此时腹内要似觉圆圈虚空一般，若是方能得着拳中之灵妙（图 13）。

## 第七节　四象学右式黑虎出洞

再将两手极力均向里裹劲至两手心朝上，即将右手靠着身子，望着左胳膊根窝下穿出，手穿至极处，与左胳膊亦成一丁字形式，右足与右手同时，迈至与左足尖相齐，落下远近相离二三寸许。两足后根亦均往外扭劲，两胯里根亦均往回抽劲，腰要塌住劲，随着手穿时往左边拧劲，亦同拧绳子相似，而时身子之劲，亦如同表条上满之意，但内中总要虚空之意。内中何以能虚空之意，即着两肩两胯里根皆往回缩劲，则胸中自然有虚空之意，而腹内亦不能有努气壅挤之患也（图14）。

图 14　黑虎出洞

## 第八节　四象学青龙转身

身子再往左转走时，先将右足往前直着迈去落下，两足相离远近，亦仍随乎人之高矮，总之无论何项步法，前走后退要自然为至妙处，右手随着右足迈时，连穿带伸带[①]往外拧劲，左手与右手，一并均往外拧劲。两足随走，两手腕随着极力往外拧劲，拧至右手食指朝上直立，亦与圆圈中虚处相对为准则，手指高矮仍与眉齐；左手亦仍

图 15　青龙转身

极力靠着身子，一气推至左胳膊肘处，食指朝上稳住，腰亦随着右手，向左边如同拧绳子相似拧去。两眼亦看前手食指稍。两手腕拧时，两胳膊中曲亦仍朝上，两肘仍朝下。两手腕拧劲时亦不拧之甚易，亦似觉拧不过来的意思。两手腕往上托，两手虎口又往前推之意，二者均停不可显露。两肩亦极力一齐往回抽劲，两手亦许三五步拧过来，亦许转走周圈拧过来，亦勿拘，要法亦与两仪走步换式，上下相连内外一气之理相同也。此四象练法随分四侯则为起承转合之意，实即一气串成之道也，习者要知之（图 15）。

注 释

① 带：原文“代”误，据文意改为“带”字。后同，不另注。

# 第十章　乾卦狮形学

乾卦者，天之象也。狮子掌者，拳之式也。乾者健也，阳之性也，三画卦之名也。[①]乾以形体言谓之天，以性情言谓之乾。其于物也，则为狮形，其物最严烈，其性最勇猛，能食虎豹之兽，有抖毛之威。以拳式之用言，则有金龙合口之式，有狮子张嘴之形，有白猿拖刀之法。在腹内则为气，能资始万物。[②]在拳中，则为狮子掌，能万法开端。此式以两手极力伸出，内外上下一气，有乾三连之象[③]，又有起首三点之式，故取象为乾卦。其拳顺，则周身血脉舒畅，气力倍增；其拳谬，则乾遇震，而拳中不能无妄[④]。乾临坤，而心窍亦不能开通矣。[⑤]学者于此，尤加谨焉。



注 释

① 乾卦者……三画卦之名也：乾卦为阳、为天、为刚、为健、为君、为父、为首、为马等象征，其符号为三阳爻组成，故谓之“三画卦之名也”。在拳中推演为象征刚健之狮形，故名为“狮子掌者”。

② 在腹内则为气，能资始万物：乾卦象征人体内之先天元气，是四肢百骸各个器官的根元（即根源、根本）和原动力。《周易·乾卦》“大哉乾

元，万物资始”。

③ 有乾三连之象：乾卦的拳式是两手极力伸出，内外上下一气，象征乾卦符号三阳爻（乾卦☰称乾三连，坤卦☷称坤六断），故谓之“乾三连之象”，即狮子张嘴之拳式。

④ 无妄：六十四卦之一，乃乾卦与震卦相叠则为“无妄”（䷘）卦，故谓之“乾遇震”。《周易·无妄》：“无妄，元亨利贞。其匪正有眚，不利有攸往。”其意为：无妄乃卦名，曲邪谬乱谓之妄，无妄即无曲邪谬乱之行。此卦是内动外健的形象，非常吉祥，乃伟大、亨通、祥和、坚贞四德具备，当有望外的福。然所行非正，动机不纯，则有灾祸弊害，前进不利。在这里指练拳不得其法，谓之“谬”，就像不能得“无妄”卦那样，拳虽好，但所行非正，反而有害。

⑤ 乾临坤，而心窍亦不能开通矣：乾卦与坤卦相叠则是六十四卦之“否”（䷋）卦。《周易·否卦》：“否之匪人，不利君子贞，大往小来。”乃黑暗闭塞之象，象征天地不交、万物不通，内柔外刚、外强中干等不祥。在这里指练拳谬误，就像否卦之象而心窍不能开通。

## 第一节　乾卦学青龙转身

起点以两仪左式，先将右足走在前边（图16）。

图16　青龙转身

## 第二节　乾卦学青龙缩尾

随后即将左足再迈至前边，将足尖往里扣劲，落下与右足尖相齐，两足尖相离远近亦二三寸许。两足后根均往外扭劲，两胯里根均往里抽劲，腰塌住劲（图 17）。

图 17　青龙缩尾

## 第三节　乾卦学青龙返首

图 18　青龙返首

再将右手伸直往外拧劲，拧至手心往外。右足亦随右手往外拧时，一齐往外摆去，足尖要直着，与右手上下相齐。两肩微有往回缩劲之意（图 18）。

## 第四节　乾卦学黑虎出洞

图 19　黑虎出洞

再迈左足时，两手腕均往里裹劲，裹至两手心朝上，左手仍靠着右肋，左足落至与右足尖相齐。两足扭劲，塌腰，两胯里根抽劲，两肩里根缩劲均如前。两足远近相离亦如前（图 19）。

## 第五节　乾卦学狮子张嘴

再走仍先走左足，左手与左足走时同时往右胳膊下边往平直穿去，与右胳膊成一丁字形。右手仍往里裹着劲在面前二三寸许，手直往上穿去，两足如同走路相似走去，左手心朝上，随着往外如画平圆圈之意，画至食指直对圆圈空虚中处为度。右手与左手，亦一齐手腕往外极力拧劲，拧至手心朝上，右胳膊靠着右耳处，如单手往上举物之意。两手虎口上下相对，两手如托一长杆[①]之形。两肩往下垂劲，又往外开劲，两足随走，左手连往外画，右手带往上托腰，随着左手往外扭劲，两眼仍看前手食指稍（图 20）。

图 20　狮子张嘴

注 释

① 长杆：原稿“捍”误，改为“杆”。

## 第六节　乾卦学狮子张嘴

再换右式，步法、诸处之劲法无不与左式相同，学者当自悟之。自此以下诸掌之式，每逢起点时，均以两仪单换掌左式起点，但左右式皆能起点，惟因初学习之人不明其理，故不能不有一定之规模，俟习熟之后无论何式，皆能互相联络，贯通而练之者也。习者要知之（图 21）。

图 21　狮子张嘴

# 第十一章　坤卦麟形学

坤卦者，地之象也。返身掌者，拳之式也。坤者顺也，阴之性也，六画卦之名也。[①]坤以形体言，谓之地；以性情言，谓之坤。其于物也，则为麟形，其物为仁兽也，则有飞身变化不测之功。以拳式之用言，则有麒麟吐书之式，大鹏展翅之法，有白鹤独立之能，有顺势返身旋转之灵。以拳之形式言，谓之返身掌。此拳以两手含住，返身转去，内外上下和顺，有坤六断之形[②]，故取象为坤卦。其拳顺则身体轻便快利，转去如旋风。其拳谬，则腹内不能空虚，而身体亦不能灵通矣。学者加意研究，灵巧妙用由此而出焉。

注释

① 坤卦者……六画卦之名也：坤卦为地、为阴、为顺、为藏、为母、为腹、为牛等象征，其符号为三阴爻组成，即☷，故谓之“六画卦之名也”。在拳中推演为仁兽之麟形，其拳式命名为“返身掌”。

② 有坤六断之形：此掌法之形式，乃两手含住，返身转去，内外上下和顺，有坤卦符号的形象。坤卦符号☷称之坤六断。

## 第一节　坤卦学青龙转身

起点以两仪单换掌式，先将右足迈至前边落下，即将两胯里根往回抽劲，腰塌住劲，头往上顶住劲，身子似有往下缩劲之意（图 22）。

图 22　青龙转身

## 第二节　坤卦学麒麟回首

再将右足往右边摆回，右手与右足摆时，亦同时往里裹劲，裹至手心朝上。左手仍靠着身子在右胳膊下边。两胯里根亦均往回抽劲（图 23）。

图 23　麒麟回首

## 第三节　坤卦学麒麟转身

左足亦即速往回迈，迈至与右足尖相齐，远近相离亦二三寸许。两胯抽劲，两肩缩劲，仍如前式，身微停（图 24）。

图 24　麒麟转身

图 25　大鹏展翅

## 第四节　坤卦学大鹏展翅

即将右足往外摆，右胳膊仍挺劲，随着身子一气转。左足亦即速迈至右足处，不可落地，靠住右足里胫骨，两腿亦极力并住，腰亦塌住劲。右手与左足迈时，同时平着往外横去（图 25）。

图 26　麒麟吐书

## 第五节　坤卦学麒麟吐书

左足再即速落下，与右足尖相齐，相离远近仍如前。右手与左足落时同时屈回，手心朝下，胳膊如半月形式，随即将左手望着右肘后边穿去。微停（图 26）。

图 27　麒麟吐书

## 第六节　坤卦学右式麒麟吐书

即将右肘往里裹劲，裹至手心朝上，再走时仍与两仪右一图青龙转身式相同，再换左式，与换右式手法、步法、劲式亦均皆相同（图 27）。

# 第十二章　坎卦蛇形学

坎卦者，水之象也。[①] 顺势掌者，拳之式也。坎者陷也[②]，坎得乾之中阳，阳陷阴中，阳入而生潮，有坎中满之象，[③] 故居正北水旺之方[④]。其于物也，则为蛇形，[⑤] 其物最毒，其性最玲珑，最活泼者也。有拨草之能。以拳式之用言，则有白蛇吐信之法，有双头蛇缠身之巧。以拳之形式言，谓之顺势掌。此拳外柔顺，而内刚健，有丹田气足之形，内外如水，曲曲顺流，无隙而不入，故取象为坎卦。其拳顺，则丹田之气足；丹田气足，则道心生；道心生，则心中阴火消灭，而无头眩目晕之患矣。其拳谬，则肾水虚弱，心火不能下降，头晕眼黑必不免矣。

按此拳有点穴之法，式中有单指按点之术，此式单指按点之穴处在两腋窝。点法之意，如同禽鸟两翅窝之穴坑，两指一[⑥]摄，顷刻而亡。此法可知而不可专用，百行以德行为先，德行者，知毒法而不用，有不忍祸人之心，不独此穴为然，凡诸穴能致人死者，皆当慎用，如心口、小腹、脐门、耳后、脑海、嗓喉、后脊背、两肾腰、谷道、两手脉窝数穴，以及双指点、单指点、肘点、膝点、足点、掌印点、斫点，勿论如何点法，轻者可以伤身，重者可以致命。凡知此术者，万不可轻用。余闻吾师程先生曰：“点术之法，不可专用，专用必损阴骘。”谚语云：“己不用毒于人，人亦不用毒于我。”所谓中找中，和找和，天理循环之数，是此意也。且此拳点法，非口传授受，功夫纯熟者，不能用。余说此穴，不过略言大概情形。若论麻穴、死穴其中之数目，有三十六者，有七十二者，共百有八之说。《少林拳术秘诀》论之详矣，余不必再赘。余作此书，为开心窍，明心性，强筋骨，壮脑力，得其中和之性质为宗旨。毒手用之于他人者，百分之中有一，尤必出于不得已也。

**注 释**

① 坎卦者，水之象也：《周易·说卦传》：“坎为水、为沟渎、为隐伏、为矫鞣、为弓轮。”意为坎卦是水的象征。

② 坎者陷也：《周易·说卦传》：“坎，陷也。”坎为水，水存于洼陷之处，故坎为陷。又说“坎卦（☵），一阳陷在二阴中间，象征险陷”。

③ 坎得乾之中阳，……有坎中满之象：坎卦中间一爻是阳爻，乃乾卦之爻，即坎得乾之中爻，谓之“坎得乾之中阳”。坎卦中间一爻是阳爻，上下皆阴爻，谓“阳陷阴中”。《周易·说卦传》：“为通、为月……”坎为水，水流通畅，故为通。水流于洼陷之中其符号是一阳在两阴之中，故谓“坎中满”之象。

④ 故居正北水旺之方：《周易·说卦传》：“坎者，水也，正北方之卦也。”《说卦》以八卦配八方，坎为正北方，故谓“正北方之卦也”。金木水火布于四方，水布于北方，即北方任癸水，故谓“居正北水旺之方”。

⑤ 其于物也，则为蛇形：坎卦在拳中取象推演为蛇形。

⑥ 一：原文“以”误，据文意改为“一”。

## 第一节　坎卦学青龙转身

图 28　青龙转身

起点两仪单换掌左式，先将右足往前落下（图 28）。

## 第二节　坎卦学白蛇吐信

图 29　白蛇吐信

再将左足尖往外摆，与右足成为错综八字形式，如图是也（图 29）。

## 第三节　坎卦学白蛇缠身

图 30　白蛇缠身

随后即将右足极力扣着迈去，与左足尖相齐，两足尖相离远近亦二三寸。右手与右足迈时同时屈回，肘向外，胳膊如半月形，手自头上望左肩落下停住。左胯里根极力往回抽劲，腰如拧绳子相似，与左胯抽劲时，一齐拧去。左手仍靠身子，在右胳膊里根下边，尔时①右胳膊在上，左胳膊在下，挨住，微停。外形似合，复内略有空虚之意，不可有一物潜在心中（图 30）。

注 释

①尔时：原文“而时”误，当作“尔时”，表明在那个时候或在这个时候。

图 31　白蛇伏草

## 第四节　坎卦学白蛇伏草

即速两手前后分开，与双换掌两手撑开之劲相同。左足与两手分时，同时迈至前边，足落下，足尖微往里扣着之意。腰塌住劲，小腹放在左边大腿根上，两肩抽劲、两胯里根缩劲均如前（图 31）。

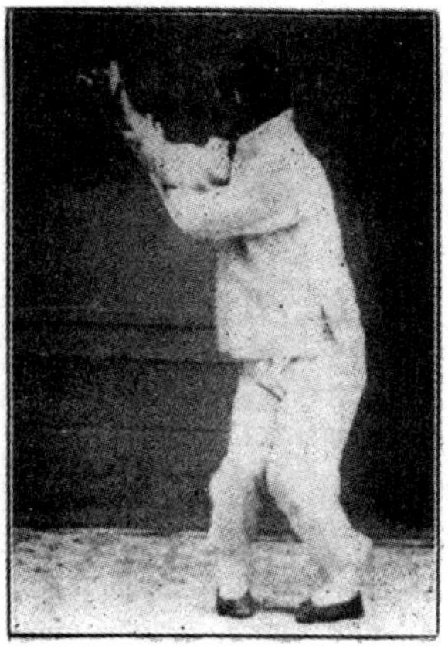
图 32　黑虎出洞

## 第五节　坎卦学黑虎出洞

两手一齐再往里裹劲，裹至手心朝上，靠着身子，再往左胳膊根窝下边穿去。右足与右手同时迈至前边，与左足尖相齐。两足尖相离远近、两肩两胯抽劲亦均如前（图 32）。

## 第六节　坎卦学青龙转身

再往前走仍是青龙转身之式（图 33）。

图 33　青龙转身

# 第十三章　离卦鹞形学

离卦者，火之象也。① 卧掌者，拳之式也。离者丽也②，离得坤之中阴，阴丽阳中，阴借阳而生明，故居正南火旺之方。③ 其于物也，则为鹞形，④ 其物有入林之速，有翻身之巧。以拳式之用言，则有按点斫之法⑤。此拳亦为大蟒翻身之式，亦有入洞之能。以拳之形式言，谓之卧掌。此拳则外刚健，而内柔顺，心中有空虚之象，故取象为离卦。⑥ 其拳顺，则心中虚灵而人心化，人心化则玄妙生矣。其拳谬，则心中愚昧不明，而拳中之神化不能得矣。故学者勉力格致，诚意作去，以开心中愚滞，自得神化之妙道矣。

注释

① 离卦者，火之象也：《周易·说卦传》："离为火，为日，为电……"即离卦是火，象征太阳、闪电。

② 离者丽也：《周易·说卦传》："离，丽也。"丽，附也。离为火，火必附丽于可燃之物，故离为丽。

③ 离得坤之中阴……故居正南火旺之方：离卦☲，一阴在二阳中间，阴爻乃坤卦之爻，故谓"离得坤之中阴"。"阴丽阳中"即阴依附阳中。离

为火、为日、为电，皆是光明之物，一阴依附两阳成离卦，才有此光明，故谓“阴借阳而生明”。《周易·说卦传》：“离也者，明也，万物皆相见，南方之卦也。”《说卦》以八卦配八方，因离卦象征光明，当日正当中时，是代表南方的卦，故曰“南方之卦也”。离为火，是代表南方的卦，金木水火布于四方，而火布于南方，即南方丙丁火，故谓“居正南火旺之方”。

④ 其于物也，则为鹞形：《周易·说卦传》：“离为雉。”在拳中则推演为鹞形。

⑤ 则有按点斫之法：指按点、斫点两种点穴之法（斫：音 zhuó）。

⑥ 此拳则外刚健……故取象为离卦：此拳外刚内柔，心中空虚，正像离卦外阳内阴，阳气在外，内部空虚，故取象为离卦。

## 第一节　离卦学青龙转身

起点以两仪单换掌左式，右足在前（图34）。

图 34　青龙转身

图 35　青龙缩尾

## 第二节　离卦学青龙缩尾

即将左足迈至前边，与右足尖相齐，两足尖远近相离亦二三寸许（图 35）。

图 36　青龙返首

## 第三节　离卦学青龙返首

再将右足往外摆，右手与右足亦同时往外拧劲，拧至手心朝外（图 36）。

## 第四节　离卦学大蟒翻身

左足再往前迈，落下仍与右足尖相齐。左手与左足迈时，亦同时顺着右肘下边，手心朝上穿去，穿至极处。右手腕往外拧着劲，亦与左手同时自头上过去，胳膊虽然屈着，内中含劲如直着之意。腿极力往上抬，脚面挺着劲。右胳膊再伸直，手心朝里裹劲，手腕如抖劲之意，裹至手心朝上。左手腕与右手亦同时极力往外拧劲，拧至手心朝外，两手要一气着。左手穿时，身子要有往下缩劲之意。右边身式如弯弓之形，身式虽然有屈形，而腹内总是中正空虚之意。身式高矮量己之功夫大小习练可也。身式似停而未停之时（图 37）。

图 37　大蟒翻身

图 38　青龙返首

## 第五节　离卦学青龙返首

即将右足往外摆着落下，右手与右足摆时，亦同时往外拧劲，拧至手心朝外。左手与右手拧时，亦同时往里援回在左肋，援至手心朝上（图 38）。

图 39　黑虎出洞

## 第六节　离卦学黑虎出洞

再穿左手迈左足（图 39）。

图 40　青龙转身

## 第七节　离卦学青龙转身

再往前走步，与单换掌右式相同（图 40）。

## 第八节　离卦学右式

再换右式，与练左式，身式步法诸处之劲均皆相同。

# 第十四章　震卦龙形学

震卦者，雷之象也。[1]平托掌者，拳之式也。震者，动也。[2]震得乾之初阳[3]，初阳主生长[4]，居正东木旺之方[5]。其于物也，则为龙形，[6]其物为鳞虫之长，有搜骨之法，有变化不测之功，有飞腾之象。以拳式之用言，则有乌龙盘柱之法，有青龙戏珠之能。以拳之形式言，谓之平托掌。此拳外静而内动，丹书云："静中求动之象"，又一阳初动之意[7]，故取象为震卦。其拳顺，则肝气舒和；其拳谬，则肝旺气努，而身体不能入于卦爻九二之中和矣九二者，拳体内之中气也。学者于此勉力求和，而无肝气冲目之患矣。



注释

① 震卦者，雷之象也：《周易·说卦传》："震为雷，为龙……"震卦象征雷、龙。

② 震者，动也：《周易·说卦传》"震，动也"。震为雷，雷能自动，又能动万物，故震为动。

③ 震得乾之初阳：《周易》将卦的符号最下一爻称初，震卦（☳）最下一爻是阳爻，是乾卦的爻，故谓"震得乾之初阳"。

④ 初阳主生长：震卦（☳）是象征大地的坤卦（☷），由最下方发生一阳，使大地震动；也有阴阳交合，发生雷电；又有纯阴的母亲的坤卦，与纯阳的父亲的乾卦，首次交媾得子的形象；又“万物出乎震”，出者，生也。故谓“初阳主生长”。

⑤ 居正东木旺之方：《周易·说卦传》：“万物出乎震，震东方也。”《说卦》以八卦配八方，震为东方，故谓“震，东方也”。金木水火布于四方，木布于东方，即东方甲乙木，故谓“居正东木旺之方”。

⑥ 其于物也，则为龙形：《周易·说卦传》：“震为龙。”在拳中震卦即取象于龙形。

⑦ 又一阳初动之意：《周易》震卦最下一爻谓之“初”，震卦☳由二阴的下方出现一阳，象征活动，故谓“一阳初动”。

## 第一节　震卦学青龙转身

起点以两仪单换掌左式，右足在前（图41）。

图 41　青龙转身

## 第二节　震卦学青龙缩尾

图 42　青龙缩尾

即将左足往前迈去，极力往里扣劲，落下与右足尖相齐，相离远近与前扣足相同（图 42）。

## 第三节　震卦学青龙返首

再将右手往外拧劲，拧至手心朝外，右足尖与右手同时往外摆，手足上下相齐（图 43）。

图 43　青龙返首

## 第四节　震卦学黑虎出洞

左足再往前迈去，与右足尖相齐，相离远近仍如前。两肩缩力，两胯里根均抽劲，腰塌住劲，即将左右两手均往里裹劲，裹至手心朝上，左手靠着身子往平着穿去，与右胳膊成为丁字形式（图 44）。

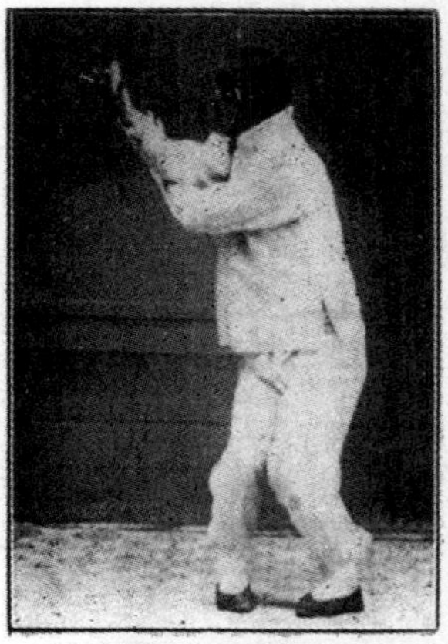

图 44　黑虎出洞

## 第五节　震卦学青龙飞升

随后再迈左足走去。两手在两足走时，两手心朝上平着伸直，往左右分开，如画半圆形式。左手往左边分，右手往右边分，分至两手左右如同一条直线，手心仍朝上着，亦如托着两碗水相似。左手食指

图 45　青龙飞升

仍与圆圈当中相对，两眼仍看着左手食指稍，两肩往下垂劲，又往外开劲，两胯里根抽劲，头往上顶住劲，腰随着左手拧劲，走时周身要一气，诸处之劲要均匀，不可有过不及之病。身子高矮随人之功夫为定，不可免强[1]而行，如此腹内可能心气和平，肝气舒畅，身子行之如流水一律荡平矣（图 45）。

注释

① 免强：即勉强。

## 第六节　震卦学右式

再换式仍与左式相同。

# 第十五章　艮卦熊形学

艮卦者，山之象也[①]。背身掌者，拳之式也。艮者止也[②]。艮得乾之末阳，末阳主静，[③]故居东北阳弱之方[④]。其于物也，则为熊形，[⑤]其性最钝，其物最威严，有竖项之力。以拳式之用言，则有靠身之勇，有拔树之能，有抖搜之法。以拳之形式言，谓之背身掌。此拳上刚健，而中下柔顺，有静止之形，故取象为艮卦。[⑥]其拳顺，则有气根心生色，睟然现于面，盎于背，施于四体之意也；其拳谬，则丹田之阳，不能升于脊背，而胸内不能含合，心火亦不能下降矣。学者要知之。



注 释

① 艮卦者，山之象也：《周易·说卦传》："艮为山，为径路。"艮卦象征山。

② 艮者止也：《周易·说卦传》："艮，止也。"艮为山，山是静止不动之物，故艮为止。

③ 艮得乾之末阳，末阳主静：艮卦（☶）以阳爻终结，即最上（最末）

一爻是阳爻，是乾卦之爻，故谓“艮得乾之末阳”。止者静也，《周易·序卦传》：“震者，动也，物不可以终动，止之，故受之以艮。艮者止也。”阐明前者动后者静。艮卦（☶），是一阳在二阴的上方，阳已上升到极点，所以停止；又，艮卦是一阳，在象征地的坤卦（☷）的最上方，是山的形象，也有止的意义，故谓“末阳主静”。

④ 故居东北阳弱之方：《周易·说卦传》东北之卦也，万物之所成终，而所成始也。故曰：成言乎艮。《说卦》以八卦配八方，艮为东北，故曰：“东北之卦也”。以八卦配四时，艮为冬末春初四十五日之季节，冬末是万物成其终之时，春初是万物成其始之时，万物始生，乃初阳。又，艮卦是东北方，在这一方位，正当黎明，黑夜即将过去，白天将临，始阳末阳，故谓“居东北阳弱之方”。

⑤ 其于物也，则为熊形：《周易·说卦传》：“艮为狗。”即艮卦有狗的象征，在拳中按卦象推演为熊形。

⑥ 此拳上刚健……故取象为艮卦：熊形掌之所以取象为艮卦，是因这一掌法上刚健，而中下柔顺，象征艮卦（☶），上刚而中下柔，有静止之形。

图 46　青龙转身

## 第一节　艮卦学青龙转身

起点以两仪单换掌左式，右足在前（图46）。

## 第二节　艮卦学青龙缩尾

先将左足迈至与右足尖相齐，两足尖相离远近二三寸许（图 47）。

图 47　青龙缩尾

## 第三节　艮卦学青龙返首

随后将右手往外拧，拧至手心朝外，右足与右手同时往外摆（图 48）。

图 48　青龙返首

## 第四节　艮卦学黑熊返背

再左手心朝上，望着右胳膊里曲上边穿去。左足与左手同时，迈至与右足尖相齐。左手穿至极处，再极力往外拧劲，拧至手心朝外。右手与左手拧时，亦往里裹劲，裹至手心朝里，再与左手一齐均往外拧劲，右手心再靠着口极力往外穿去，中指与食指如同自口中出去之意（图 49）。

图 49　黑熊返背

## 第五节　艮卦学黑熊探掌

图 50　黑熊探掌

右腿等右手到口时，一齐抬起，足尖极力往上仰劲。右肘与右膝相挨，两肩抽着劲，两胯亦极力缩住劲，左手往外拧，拧至手心朝上。头顶住劲，胸内开着，气沉丹田。此式似停而未停（图 50）。

## 第六节　艮卦学青龙返首

图 51　青龙返首

即将右手腕往外拧，拧至手心朝外。右足与右手往外拧时，亦同时往外摆落下。将左手亦同时援回，援至手心朝上（图 51）。

## 第七节　两仪黑虎出洞左式

再穿左手，迈步裹手劲法，仍是两仪黑虎出洞左式。

## 第八节　艮卦学青龙转身右式

再走仍是青龙转身右式。

# 第十六章　巽卦风形学

巽卦者，风之象也。[①] 风轮掌者，拳之式也。巽者入也[②]。巽得坤之初阴[③]，初阴主潜进，故居东南阳盛之方[④]。其于物也，则为凤形，[⑤] 其物为羽虫之长，有展翅之功。以拳式之用言，则有点头之式，有挟人之法，此拳亦为狮子滚球之形。以拳之形式言，谓之风轮掌。此拳上刚健，而下柔顺，有风轮之形，故取象为巽卦。[⑥] 其拳顺，则内中真气散于四肢百骸，无微不至，而身式行之如风轮，循环无间之形矣。其拳谬，则元气不能散布于周身，譬之方轴圆轮，气机不灵，身式不顺，而先后天之气不能化一矣。故学者于此拳中，务加意勤习焉。

注 释

① 巽卦者，风之象也：《周易·说卦传》：“巽为木，为风……”巽是风的象征。

② 巽者入也：《周易·说卦传》：“巽，入也。”巽为风，风吹万物，无孔不入，故巽为入。

③ 巽得坤之初阴：巽卦（☴）最下（初）一爻是阴爻，是坤卦的爻，

故谓“巽得坤之初阴”。

④故居东南阳盛之方:《周易·说卦传》:“巽,东南也。”《说卦》以八卦配八方,巽为东南方,故曰:“巽,东南也。”因为巽卦代表东南方,这时太阳已升起,使万物鲜明,故谓“居东南阳盛之方”。

⑤其于物也,则为凤形:《周易·说卦传》:“巽为鸡。”按拳式推演为凤形。

⑥此拳上刚健……故取象为巽卦:此掌法上刚健,下柔顺,有巽卦(☴)上阳下阴之象,故取象为巽卦。

## 第一节　巽卦学青龙转身

起点以两仪单换掌左式(图52)。

图52　青龙转身

## 第二节　巽卦学青龙缩尾

再右足在前,即将左足迈至前边落下与右足尖相齐(图53)。

图53　青龙缩尾

## 第三节　巽卦学狮子抱球

图 54　狮子抱球

再穿左手时，与右狮子掌式相同，各处之劲亦相同，惟两手心要相对，如抱着大圆球相似。左手右手食指均与圆圈中虚处相对，如图是也（图 54）。

## 第四节　巽卦学狮子滚球

图 55　狮子滚球

换左式时，先扣右足与左足尖相齐，再往外摆左足。两手如抱着圆球成为一气，左手随着左足摆时，往下落如画圆形（图 55）。

## 第五节　巽卦学狮子翻身

图 56　狮子翻身

再左手自下往上起，亦如画圆形。右足再往前迈，仍与左足尖相齐。右手随着右足迈时与左手一气往下落，与右足相齐，左手再与右手一气随着往上抬，高与头顶平（图 56）。

## 第六节　巽卦学狮子伏地

图 57　狮子伏地

随后左足再往外迈去，左手心朝里着往下落，亦如画圆形，随着左足迈时，同时画去；右手自下往上来，亦如画圆形。两手形式，如双换掌六式略相同。彼式是两手心朝外，此式两手心相对，所以两式略相同耳（图 57）。

## 第七节　巽卦学狮子抱珠

再走步时，两手亦如穿狮子掌之形式，但右手自下往上，如画圆形，与左手仍如一气抱着大圆球之意。两足随走，两手随画，亦如穿手之意。穿至两手食指，亦与圆圈中虚处相对为准则，如图是也（图 58）。或曰：因何画手与穿手之意相同，譬如两手抱着大圆球，再练四象双换掌、穿手、换手、搂手，似乎与此式大相悬殊，其实风轮掌就是双换之式，手法、足法、劲法无不相同，只因一是两手靠着身子，穿手、换手，一是穿法、换法，两手伸开如抱大圆球与风轮相似。因此二卦形式不同，所以分为二式也。再换式，手法步法身法与换左式相同。

图 58　右式狮子抱珠

# 第十七章　兑卦猴形学

兑卦者，泽之象也。[1] 抱掌者，拳之式也。兑者，说也。[2] 兑得坤之末阴[3]，末阴主消化，故居正西金旺之方[4]。其于物也，则为猴形，[5] 其物最灵巧者也，有缩力之法，有纵山之灵。以拳式之用言，则有白猿献果之形，有猴儿啃桃之法，有龙蹲虎踞之式。以拳之形式言，谓之抱掌，此拳上柔顺，而中下刚健，有缩短之形，故取象为兑卦。[6] 其拳顺，则肺气清润；其拳谬，则肺气不和，至于气喘咳嗽诸症，而不能免矣。学者深思悟会，而求肺气清顺焉。

注　释

① 兑卦者，泽之象也：《周易·说卦传》："兑为泽，为少女……"兑卦（☱）阴爻在上方，形似水蓄积成泽，故有泽之象。

② 兑者，说也：《周易·说卦传》："兑，说也。"说借为悦。兑泽，湖也。水草生于泽，鱼游于泽，鸟飞于泽，兽饮于泽，人取养于泽，泽为万物所悦，故兑为悦。另说：兑卦（☱），一阴在讨好二阳，象征喜悦。

③ 兑得坤之末阴：兑卦最上（末）一爻是阴爻，是坤卦之爻．谓"兑得坤之末阴"。

④故居正西金旺之方：以八卦配八方，兑为西方（《说卦》未言）。金木水火布于四方，金布于西方，即西方庚辛金，故谓“居正西金旺之方”。

⑤其于物也，则为猴形：在拳中兑卦推演为猴形。

⑥此拳上柔顺……故取象为兑卦：此掌法上柔顺，中下刚健，象征兑卦（☱）上阴而中下阳，故取象为兑卦。

## 第一节　兑卦学青龙转身

起点以两仪单换掌左式，右足在前（图59）。

图59　青龙转身

## 第二节　兑卦学青龙缩尾

即将左足迈至前边落下，与右足相齐（图60）。

图60　青龙缩尾

图 61　青龙返首

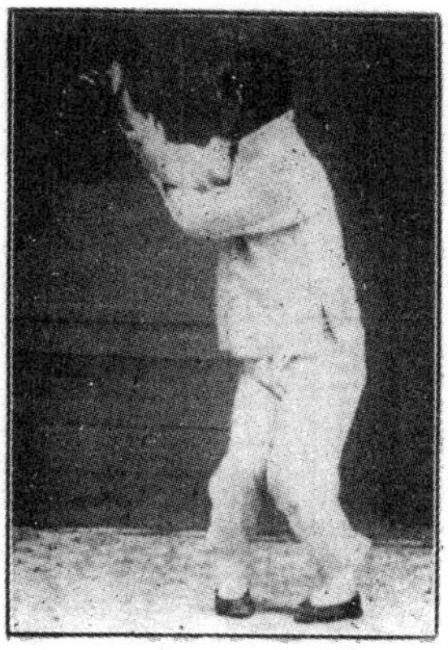

图 62　黑虎出洞

图 63　白猿献果

## 第三节　兑卦学青龙返首

再将右足尖往外摆，右手与左足同时往外拧劲，拧至手心朝外（图 61）。

## 第四节　兑卦学黑虎出洞

再将左足迈至前边，仍与右足尖相齐。两肩缩劲，两胯里根抽劲，腰塌住劲，两手皆极力往里裹劲，裹至手心朝上，左手靠着身子，自右胳膊下边穿至极处（图 62）。

## 第五节　兑卦学白猿献果

再迈左足，两手亦极力往外开劲，两肘亦极力往一处抱劲，抱至两肘相并，两肘又靠着身子，两手在前，高矮与胸齐，两手又如托着物一般。两肩极力往回缩劲，两手又一气抱着往前推劲，两足随走，两手随抱。腰极力往左边拧劲，两眼望着左手食指看去（图 63）。

## 第六节　兑卦学白猿献果

再换左式，与换右式相同（图 64）。

图 64　左式白猿献果①

注释

① 原文“右式白猿献果”误，改为“左式”。

# 第十八章　八卦先后天合一式说

《周易阐真》曰：先天八卦，一气循环，浑然天理，从太极中流出，乃真体真体者，即丹田生物之元气，亦吾拳中之横拳也未破之事。后天八卦，分阴分阳，有善善者，拳中气式之顺也有恶恶者，拳中气式之悖也，在造化中变动，乃真体已亏之事。真体未破，是未生出者未生出者，即拳中起蹟落翻未发之式也须当无为[①]无为者，无有恶为，无为之妙，在乎逆中行顺，逆藏先天之阳，顺化后天之阴，归于未生以前面目即拳内阴阳未动以前形式，不使阴气有伤真体也。真体有伤，是已生出者即拳起蹟落翻，发而不中也须当有为有善有恶之为，有为之窍，在乎顺中用逆，顺退后天之阴，逆返先天之阳，归于既生以后之面目即拳中动静正发而未发之间之气力也，务使阳气还成真体也即还于未发之中和之气也，先天逆中行顺者，即逆藏先天阴阳五行，而归于胚胎一气之中即归于横拳未起之一气也，顺化后天之阴，而保此一气也保一气者，不使横拳有亏也。后天顺中用逆者，即顺退已发之阴，归于初生未发之处，返出先天之阳，以还此初生也。阳健阴顺，复见本来面目，仍是先天后天两而合一之原物，从此别立乾坤，再造炉鼎[②]，行先天逆中行顺之道，则为九还七返[③]大还丹[④]矣。

今以先天图移于后天图内者，使知真体未破者，行无为自然之道，以道全形，逆中行顺，以化后天之阴；真体已亏者，行有为变化之道，以术延命，顺中用逆，以复先天之阳，先后合一，有无兼用，九还七返，归于大觉，金丹之事了了。再以金丹分而言之。金者气质坚固之意，丹者周身之气圆满无亏之形，总而言之，拳中气力上下内外如一也，此为易筋之事也。今借悟元子先后八卦合一图，以明拳中拙劲归于真劲也。



注 释

① 无为："无为"是《老子》的重要概念之一，原指凡事顺其自然，而不加以不必要的干预；但无为并非不为，不过要为而不争。道教沿袭了道家的无为观并有所衍化。魏晋以后，"无为"成为道士全身和修仙的基础，强调"无为事主，无为事师，寂若无人，至于无为"，以求全身、去危、离咎。因为欲求无为，先当避害，要"远嫌疑，远小人，远苟得，远行止。慎口食，慎舌利，慎处闹，慎力斗。常思过失，改而从善"。《抱朴子内篇·论仙》称："仙法欲静寂无为，忘其形骸。"后世之内丹家更以金丹术为"无为"，《尊枢》引《大丹篇》云："无为之道莫过乎金丹，得道必由乎金符焉。"在这里乃借内丹术语，引申于拳功理论之中，意即文中所述。

② 再造炉鼎：内丹家将人体的某些部位比作烧炼铅、汞等矿石的炼外丹的炉鼎。若达到先后天合一，人体等于到另外一个天地，又像重新造了一个人体，故谓之"别立乾坤，再造炉鼎"。

③ 九还七返：内丹家称元神为阳，称元精、元气为阴，对心、肝、脾、肺、肾等脏器，分别以火、木、土、金、水名之。认为心在上，属火，卦象为离；肾在下，属水，卦象为坎。心之下，肾之上，约在脐下一寸三分处，有一腔，名"气海"，或名"下黄庭""下丹田"，就是炼丹的处所。炼丹就在于心肾相交，取坎中之阳，填离中之阴；以坎水济离火，使顺置的火水

“未济”交成颠置的水火“既济”，即“甘露降时天地合，黄芽生处坎离交”。“甘露”指先天一气，从泥丸下降；“黄芽”指丹母，从丹田而生，上下交凝，即成圣胎，此之谓丹熟。此肾心相交，神、气相融，则因肾属水，而金生水，西方属金，河图数九；心属火，而木生火，东方属木，河图数七，因此炼神还虚也叫作“九还七返”。拳之内功皆按此理，故借内丹之语。

④ 还丹：指以“返本还元”为目的而进行自我锻炼而取得的成果的代称。但不同功法所谓“还丹”的内容是不同的。最早提出“还丹”名称的是东汉魏伯阳，他在《周易参同契》中说：“金来归性初”，乃得称还丹。”意谓行功时，只要能炼到“金来归性初”，就可说是炼成了还丹。《钟吕传道集》中，将还丹分为“小还丹”“大还丹”“七返还丹”“九转还丹”“玉液还丹”“金液还丹”“下丹还上丹”“上丹还中丹”“阳还阴丹”等还丹。炼到还丹，体内会出现各种景象。

# 第十九章　八卦先后天合一图

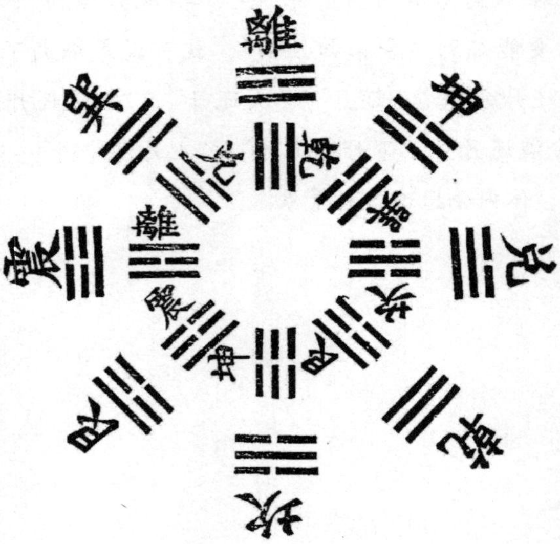


图 65　八卦先后天合一图

# 第二十章　八卦先后天合一图解

起点练法，仍照前者法则习之，但预知先后天合一之理，内外卦归一之式。二者判别，且能使先天为后天之体，后天为先天之用，无先天则后天无根本，无后天则先天不成全。其理虽有先天为之本，然无外式之形，只能行无为自然之道，不能习之以全其体也。若使之先天健全，即借后天有形式之身，以行有为变化之道，则能补全先天之气也。但拳术未习熟时，似乎有分顺伸逆缩，判而为二之意。其实是先天后天气力不符，故有分而为二之理。且以拳术之理分而言之，则为先后天；合而言之，则为浑然一气。今以先天而言，则为拳中无形之劲，谓之性。性即身中无形之八卦也，亦谓之先天。以后天而言，自有身形阴阳开合伸缩，生出四象。四象者，各有阴阳谓之情。情者，手足身体旋转动作，即成有形之八卦也拳之八式，谓之后天。此是先后天分言，谓之开也。合而言之，人心即天理，天理即人心。意者心之所发，身体四稍是意之所指挥也，则拳中之气，身体手足听其指挥，循着次序渐渐习去，自始至终无有乖戾之气，则能尽其性矣。尽其性，则能复其未发意之初心。但拳术初练时，四体之作用，不能尽合于力，力不能尽合于气，气不能尽合于意，似乎拳中伸缩有二式之别，若得其所以然，练习先后合一之理。惟其三害且莫犯，谨守九要而不失，则四体身形随着意，照法实力作去，久之，四体手足动作可以随意指挥，故能上下相连，手足相顾，内外如一，浑然天理，此时是先后天八卦合一之体也。

# 第二十一章　八卦阳火阴符形式注语

阳火阴符之理[1]即拳中之明劲、暗劲也，始终两段工夫。一进阳火拳中之明劲也，一运阴符拳中之暗劲也。进阳火者，阴中返阳，进其刚健之德，所以复先天也。[2]运阴符者，阳中用阴，运其柔顺之德，所以养先天也。进阳火，必进至于六阳纯全，[3]刚健之至，方是阳火之功尽拳中明劲中正之至也。运阴符，必运至于六阴纯全，[4]柔顺之至，方是阴符之功毕拳中暗劲和之至也。阳火阴符，功力俱到，刚柔相当，建[5]顺兼全，阳中有阴，阴中有阳，阴阳一气，浑然天理，圆陀陀气无缺也，光灼灼神气足也，净倮倮无杂气也，赤洒洒气无拘也，圣胎完成，一粒金丹宝珠悬于太虚空中[6]，寂然不动，感而遂通；感而遂通，寂然不动。常应常静，常静常应。本良知良能面目，复还先天。一粒金丹吞入腹，始知我命不由天也以上皆《周易阐真》中语，因与拳术之理相合，故引之。再加向上工夫，炼神还虚，打破虚空，脱出真身，永久不坏，所谓圣而不可知之之谓神。进于形神俱妙，与道合真之境矣。近日深得斯理者，吾友尚云祥[7]，其庶几乎。

注 释

① 阳火阴符之理：进阳火，系指炼“小周天”功过程中，配合退阴符，以升降气机、调和阴阳所应掌握的一种火候。拳功中之明劲功夫与此相当，道理相合，故借此语。运阴符也称退阴符，也是指炼“小周天”功过程中，配合进阳火，以升降气机、调和阴阳所应掌握的一种火候。拳功中的暗劲功夫与此相当，道理相合，故借此语。

② 进阳火者……所以复先天也：进阳火是阴中返先天之阳，故谓“复先天也”。

③ 进阳火，必进至于六阳纯全：“小周天”功的进阳火，是选在“六阳时”中的子、丑、寅、辰、巳五阳时中施行（六阳时中的卯时，属“沐浴”时刻，不进阳火）。然所讲的六阳时，乃假借“天干、地支”的名词以说明进度，而不是为进阳火需要十个小时（即地支五个时辰）；也不是必在晚上十一时至次日才开始进阳火（即子时是晚上十一点至次日一点）。此处所说的子时是“活子时”，仅代表气机发动后即当开始“进阳火”。推之所云，丑、寅、辰、巳乃为继续进阳火的时刻。然在“卯酉周天”功的进阳火的操作与上述有别。由于进阳火是选在“六阳时”施行，故谓“进阳火，必进至于‘六阳纯全’”。拳功中明劲功夫与此相当，道理相合，故引用此语。

④ 运阴符，必运至于六阴纯全：“小周天”功的运阴符，是选在“六阴时”中的午、未、申、戌、亥等五阴时中施行（六阴时中的酉时，属“沐浴”时刻，不运阴符），但所讲的六阴时，是假借“天干、地支”的名词以说明进度的，不是退阴符需要十个小时（即地支的五个时辰），也不是必在中午十一时才开始退阴符（即午时）。此处所说的午时，是“活午时”，仅代表气机升至头顶泥丸完成“进阳火”后应行退阴符火候的时刻，推之所云，未、申、戌、亥，乃为继续退阴符的时刻。由于运阴符选在“六阴时”施行，故谓“运阴符，必运至于六阴纯全”。拳功中暗劲功夫与此相当，道理相合，故引用此语。

⑤ 建：原文“建”疑为“健”，待考。

⑥ 一粒金丹宝珠悬于太虚空中：一粒金丹宝珠系指心肾相交，水火“既济”，内丹炼成，谓“即成圣胎”，即谓“丹熟”（结成金丹）。内丹家认为达到这一步，就是“夺尽天地冲和之运，阴阳化机之妙”，从而达到重返本源，常驻永生。太虚：有许多解释，在这里指广大的太空，《庄子·知北游》：“不过乎昆仑，不游乎太虚。”另外，由于天空清虚无形，天也可称为太虚，“由太虚，有天之名”（《正蒙·太和》），这话的意思是，内丹炼成就像金丹宝珠悬于太空。引《周易阐真》这些文字是借此比喻拳功练至出神入化则近乎与道合真之境。

⑦ 尚云祥：与孙禄堂先生同代的著名形意拳家，山东乐陵人，在京津授徒众多，乃著名拳家李存义之高足。

# 第二十二章　八卦练神还虚注语

拳术之道，有功用之理，有神化之理。上言阳火阴符，是为功用，此言炼神还虚，是为妙用。妙用之功，其法何在？仍不外乎八卦拳之式求之。故开合动静，起落进退，生克变化，以致无穷之妙，亦不离八卦。八卦不离四象，四象不离两仪，两仪不离一气，一气自虚无兆质矣。所以练神还虚之式者，与前所习之形式无异矣。惟手足身体，外形不要着力，俱随意而行之。然身体亦并非全不用力，其劲不过极力往回缩去，意在蓄神耳。外形身体手足，俱以意运用之。行之已久，身体气力，化之似觉有若无，实若虚之意。每逢静中动时，身子移出而不知己之动，则不知有己也。每与他人比较时，伸缩往来飞腾变化，如入无人之境，而身体气力自觉无动，是不知己之动，而静则不知有彼也。夫若是，则能不见而章，不动而变，无为而成，至拳无拳，意无意，无形无象，无我无他，炼神还虚，神化不测之妙道得矣。吾友张玉魁①先生于练神还虚之道，可臻精诣，环顾宇内，其合继张先生而起者乎，予日望之矣。

注 释

① 张玉魁：系八卦掌名家程廷华之高足，孙禄堂先生同代人。

# 第二十三章　八卦拳神化之功练习借天地之气候形式法

闻之吾师程先生曰："得天气之清者为之精精者，虚也，得地气之宁者为之灵灵者，实也，二者皆得，方为神化之功。"学人欲练神化之功者，须择天时、地利、气候、方向而练之。天时者，一年之中有阴阳二气、四时八节、二十四气，一气分为三候，共七十二候。练时，阳日起点往左旋，阴日起点往右转，大略言之，一日一换方向；详细言之，一时一换方向。此为天时也。地利者，须择山林茂盛之地，或寺观庄严之处，或房屋洁净之区，此谓地利也。此理练法，是借天地之灵气，受日月之照临，得五行之秀美，而能与太虚同体，是为上乘神化之功也。且神化功用之实象者，则神之清秀，精之坚固，形色纯正，光润和美，身之利便，心之灵通，法之奥妙，其理渊渊如渊，而静深不可测；其气浩浩如天，而广大不可量，如此是拳术精微奥妙神化之形容也。如不知择地利，借天时、气候、方向，只可用气力之功而习之，然久之功纯，亦能变化不已，不过是气力之所为耳。惟其不知天时、地利，故心中不能得着天地之灵秀也。大约天地间，凡物之美者，皆得天地之灵气，受日月之孕育，而能成为至善之物也，拳术之道亦莫不然。譬之大圣贤，心含万理，身包万象，与太虚同体，故心一动，其理流行于天地之间，发著于六合之远，而万物之中，无物不有也，心一静，其气能缩至于心中，寂然如静室，无一物所有，能与太虚合而为一体也。或曰圣人亦人耳，何者能与天地并立也？曰因圣人受天地之正气，率性修道而有其身，惟身体如同九重天，内外如一，玲珑透体，无有杂气搀入其中，心一思念，纯是天理，身一动作，皆是天道，故能不勉而中，不思而得，从容中道，此圣人所以与太虚同体，与天地并立也。拳术之理，亦所以与圣道合而为一者也，其理既与圣道相合，学者胡不勉力而行之哉！

# 新书预告

## 武学名家典籍丛书

**孙禄堂武学集注**

**（形意拳学　八卦拳学　太极拳学　八卦剑学　拳意述真）**

孙禄堂　著　　孙婉容　校注　　定价：288 元

**杨澄甫武学辑注**

**（太极拳使用法　太极拳体用全书）**

杨澄甫　著　　邵奇青　校注　　定价：178 元

**陈微明武学辑注**

**（太极拳术　太极剑　太极答问）**

陈微明　著　　二水居士　校注　　定价：218 元

（第一辑）

**李存义武学辑注**

**（岳氏意拳五行精义　岳氏意拳十二形精义　三十六剑谱）**

李存义　著　　阎伯群　李洪钟　校注　　定价：258 元

**张占魁形意武术教科书**

张占魁　著　　吴占良　王银辉　校注

**薛颠武学辑注**

**（形意拳术讲义上编　形意拳术讲义下编　象形拳法真诠　灵空禅师点穴秘诀）**

薛　颠　著　　王银辉　校注　　　　　　　　　　定价：358 元

（第二辑）

**陈鑫陈氏太极拳图说（配光盘）**

陈　鑫　著　　陈东山　陈晓龙　陈向武　校注

**董英杰太极拳释义**

董英杰　著　　杨志英　校注

**许禹生武学辑注**

**（太极拳势图解　陈氏太极拳第五路　少林十二式）**

许禹生　著　　唐才良　校注

（第三辑）

**李剑秋形意拳术**

李剑秋　著　　王银辉　校注

**刘殿琛形意拳术抉微**

刘殿琛　著　　王银辉　校注

**靳云亭武学辑注**

**（形意拳图说　形意拳谱五纲七言论）**

靳云亭　著　　王银辉　校注

（第四辑）

## 武学古籍新注丛书

**王宗岳太极拳论**

李亦畬　著　　二水居士　校注　　定价：50 元

**太极功源流支派论**

宋书铭　著　　二水居士　校注　　定价：68 元

**太极法说**

二水居士　校注　　定价：65 元

（第一辑）

**手战之道**

赵　晔　沈一贯　唐顺之　何良臣　戚继光　黄百家　黄宗羲　著

王小兵　校注

（第二辑）

## 百家功夫丛书

**张策传杨班侯太极拳 108 式　（配光盘）**

张　喆　著　　韩宝顺　整理　　定价：48 元

**河南心意六合拳　（配光盘）**

李洳波　李建鹏　著　　定价：79 元

（第一辑）

**形意八卦拳**

贾保寿　著　　武大伟　整理　　定价：49 元

张鸿庆传形意拳练用法释秘　　邵义会　著
王映海传戴氏心意拳精要　　王映海　口述　王喜成　主编
戴氏心意拳功理秘技　　王　毅　编著

（第二辑）

华岳心意六合八法拳　　张长信　著
程有龙传震卦八卦掌　　奎恩凤　著
杨振基传太极拳内功心法　　胡贯涛　著
刘晚苍传内家功夫与手抄老谱　　刘晚苍　刘光鼎　刘培俊　著

（第三辑）

## 民间武学藏本丛书

守洞尘技　　崔虎刚　校注
通臂拳　　崔虎刚　校注
心一拳术　　李泰慧　著　崔虎刚　校注
六合拳谱　　崔虎刚　校注
少林论郭氏八翻拳　　崔虎刚　校注

（第一辑）

心意拳术学　　戴　魁　著　崔虎刚　校注
武功正宗　　买壮图　著　崔虎刚　校注
太极纲目　　崔虎刚　校注
神拳拳谱　　崔虎刚　校注
精气神拳书·王堡枪　　崔虎刚　校注

（第二辑）

## 老谱辨析点评丛书

再读浑元剑经　　马国兴　著

再读王宗岳太极拳论　　马国兴　著

再读杨式老谱　　马国兴　著

再读陈氏老谱　　马国兴　著

（第一辑）

## 民国武林档案丛书

太极往事　　季培刚　著

（第一辑）

## 拳道薪传丛书

三爷刘晚苍——刘晚苍武功传习录

刘源正　季培刚　编著　　定价：54 元

慰苍先生金仁霖——太极传心录　　金仁霖　著

习武见闻与体悟　　陈惠良　著

（第一辑）

**图书在版编目（CIP）数据**

孙禄堂武学集注. 八卦拳学 / 孙禄堂著；孙婉容校注.——北京：北京科学技术出版社，2016.1（2020.6 重印）

（武学名家典籍丛书）

ISBN 978-7-5304-8624-5

Ⅰ. ①孙… Ⅱ. ①孙… ②孙… Ⅲ. ①八卦掌－基本知识 Ⅳ. ①G852

中国版本图书馆 CIP 数据核字（2016）第 230065 号

**孙禄堂武学集注——八卦拳学**

**作　　者**：孙禄堂
**校 注 者**：孙婉容
**策　　划**：王跃平　常学刚
**责任编辑**：王跃平
**责任校对**：贾　荣
**责任印制**：张　良
**封面设计**：张永文
**版式设计**：王跃平
**出 版 人**：曾庆宇
**出版发行**：北京科学技术出版社
**社　　址**：北京西直门南大街 16 号
**邮政编码**：100035
**电话传真**：0086-10-66135495（总编室）
0086-10-66113227（发行部）　0086-10-66161952（发行部传真）
**电子信箱**：bjkj@bjkjpress.com
**网　　址**：www.bkydw.cn
**经　　销**：新华书店
**印　　刷**：保定市中画美凯印刷有限公司
**开　　本**：787mm × 1092mm　1/16
**字　　数**：95 千字
**印　　张**：13.75
**插　　页**：4
**版　　次**：2016 年 1 月第 1 版
**印　　次**：2020 年 6 月第 5 次印刷
ISBN 978-7-5304-8624-5 / G·2532

**定　　价**：52.00 元